领导力管理心法

李凤辉◎编著

·北京·

内 容 提 要

本书探讨了领导与管理的艺术。本书通过精练的理论阐述和丰富的实例分析，旨在为读者揭示领导力与管理学的核心法则。书中不仅详细解读了领导力在团队建设、决策制定等方面的关键作用，还探讨了在日常工作中的管理应用策略。这些内容既有理论的支撑，也有实践的指导，旨在帮助读者在复杂多变的工作环境中，更加从容地应对各种挑战。

本书适合企业的中高层管理者，还有那些希望提升自身管理能力的职场新人阅读。

图书在版编目（CIP）数据

领导力：管理心法 / 李凤辉编著. -- 北京：中国水利水电出版社, 2025. 8. -- ISBN 978-7-5226-3587-3

Ⅰ. F272.91

中国国家版本馆 CIP 数据核字第 2025G95D53 号

书　　名	领导力　管理心法 LINGDAOLI　GUANLI XINFA
作　　者	李凤辉　编著
出版发行	中国水利水电出版社 （北京市海淀区玉渊潭南路 1 号 D 座　100038） 网址：www.waterpub.com.cn E-mail：zhiboshangshu@163.com 电话：（010）62572966-2205/2266/2201（营销中心）
经　　售	北京科水图书销售有限公司 电话：（010）68545874、63202643 全国各地新华书店和相关出版物销售网点
排　　版	北京智博尚书文化传媒有限公司
印　　刷	三河市龙大印装有限公司
规　　格	148mm×210mm　32 开本　8.25 印张　260 千字
版　　次	2025 年 8 月第 1 版　2025 年 8 月第 1 次印刷
印　　数	0001—3000 册
定　　价	58.00 元

凡购买我社图书，如有缺页、倒页、脱页的，本社营销中心负责调换

版权所有·侵权必究

推荐序一

管理破局之道

作为作者多年的老朋友,我由衷地为他感到高兴,他将自己宝贵的职场管理经验与实战心得,系统梳理成书,惠及广大读者。最令我印象深刻的是本书的"即战力",其内容高度聚焦落地与实战,管理者翻开本书,便能找到可直接用于日常工作的解决方案。本书堪称一本极具实用价值的案头管理指南。

在错综复杂的现代商业环境中,企业管理的本质是激发潜能、达成目标。本书不满足于空洞的理论介绍,直击管理者日常面临的各种真实困境与核心挑战。

翻阅本书,犹如展开一幅管理智慧的"全景图":从"识人用人"的古代智慧到"敏捷时代"的生存法则;从管理"刺头"员工的雷霆手段到点燃"自驱力"的温柔策略;从"绩效考核"的精准度量到"情绪管理"的自我调节……本书既有战略格局的宏观思考,更有微观处事的精妙技巧。

尤为可贵的是,书中巧妙融合了东西方智慧,既汲取了古人博弈策略的精华,又紧扣现代企业管理的痛点,更对人性规则进行了深刻剖析。这种贯通古今、融合哲思与实战的视角,使得本书具备了超越时空的深度与广度。

无论你是寻求角色定位的管理新手,还是渴望突破瓶颈、提升高阶领导力的管理者,本书涵盖的丰富议题与深刻洞察,都将为你提供实用的理论工具和行动指南。

本书不仅是一本管理手册,更是一本关于如何在权力、责任与人性的交织中,修炼领导智慧、打造高效团队的心法。开卷有益,相信每位追求卓越的管理者都能在本书中找到属于自己的顿悟时刻与破局之道。

李廷伟
中国人口文化促进会疗愈整合发展分会会长
2025 年 6 月 6 日于北京

推荐序二

让管理回归本质

智能化时代，领导力与管理能力已成为衡量个人与组织成功与否的重要标尺。作为一名在高校内耕耘数载的大学教授，我深知无论是学术界的科研团队，还是社会上的各类组织，都需要有智慧、有担当的领导者来引领前行。

我经常被问到的问题就是："老师，管理到底有没有捷径？"我的回答是："管理没有捷径，但有方法。"本书就是把那些最实用的管理方法，用最直白的语言说给读者听。

翻开本书，最打动我的地方在于，它不讲大道理，而是用一个个鲜活的案例告诉你：为什么你的团队总在原地踏步？为什么优秀人才留不住？为什么制度越定越多，效率却越来越低？例如书中提到的"保龄球效应"，就用打保龄球这个简单的比喻，把团队激励的核心逻辑讲得明明白白。

我特别认同本书强调的"人性化管理"。这不是让管理者当老好人，而是学会用尊重赢得人心，教你如何把批评变成建议，把考核变成成长，把制度变成共识。这些方法在我们的教师团队管理中也屡试不爽。

更难得的是，本书把复杂的管理理论拆解成了可操作的步骤，读完后马上就能用在日常管理中。我已使用本书中的方法，帮助一个毕业的学生化解了团队矛盾。

如果你正在为以下问题困扰：

（1）每天忙忙碌碌，团队效率却不见提高。

（2）明明制定了完善的制度，执行起来却总有偏差。

（3）想培养公司的接班人，却不知道如何做。

那么不妨翻开这本书，它就像一位经验丰富的导师，手把手教你避开管理路上的那些坑。

管理不是坐在办公室里发号施令，而是要和团队一起成长。本书的可贵之处是让管理回归了本质——通过成就他人来成就自己，这或许就是最好的管理心法。

李占雷 博士
2025 年 5 月 18 日于深圳

推荐序三

一部根植于文化血脉的管理智慧宝典

作为研习中国典籍近四十载的学者，初览本书，便为其间流淌的东方智慧而欣然击节。此书绝非寻常管理方法汇编，实乃将千年华夏治世之道熔铸于现代组织实践的破壁之作。本书以"心法"为名，恰如《庄子》所言"得之于手而应于心"，在管理科学与人文精神的交汇处，开辟出一条独特的中国式管理路径。

本书深谙"以文化人"的治理精髓。观本书脉络："象棋里的管理学"暗合《孙子兵法》"谋势"之道。尤其"亲情化""温情化"管理模式之辩，正是对《孟子》"仁民而爱物"思想的当代诠释。作者将文化基因化为管理养料，使"权力制衡"等策略，皆具《韩非子》般"术以载道"的厚重底色。

本书语言艺术尤见章法之功。"懒蚂蚁效应""慢马定律"等譬喻，承袭《诗经》"比兴"传统，以自然物象点破管理玄机；"装聋""用温柔手段做冷酷事情"等表述，深得汉语"言近旨远"之妙，在俚俗中见大智慧。更可贵者，书中力戒"过度术语"之弊，如《文心雕龙》所倡"辞约而旨丰"，使贩夫走卒亦能悟其理趣。

本书直指管理异化的文化救赎。当现代组织深陷"内卷化陷阱""自大之弊"，书中以"舍与得"的东方哲学破绩效迷思，以"人和"的儒家伦理解团队痼疾。其对"伪高管"的批判，恰似《贞观政要》之镜鉴；而"以缺为正"的辩证思维，更暗合《道德经》"大巧若拙"的至高境界。这种文化自觉，正是疗愈管理异化的良方。

今人常叹管理学西风东渐，却未见华夏智慧本有活水源头。此书以上百条心法为舟楫，溯及《论语》"政者正也"的为治之本，下启"敏捷时代"的变革之需，在"制度化管理"与"人性化内核"间求得中道。其价值不仅在于"管理战术"，更在于唤醒管理者对"权力即责任"的文化体认，此乃《大学》"修身齐家治国"之道在现代组织的薪火相传。

治大国若烹小鲜，管企业亦需文火慢炖。愿此书成为管理者案头的《日知录》，在日日研习中，将文化血脉化为领导风骨。

是为荐。

李素莲 教授
2025 年 5 月 20 日于河北

推荐序四

刺破管理迷雾的实战指南

我是一名资深主播,也是一名资深心理咨询师,见证过很多领域的管理者们在繁杂事务中迷失方向。当本书置于案头,翻阅其 100 多条凝练心法时,不禁为之振奋——这是一部真正扎根本土管理、直面现实痛点的清醒之作。

本书不贩卖空洞理论,只提供解题密钥。

从"官僚主义行为就是不信任团队"的犀利洞察,到"空降管理者的生存法则——软着陆"的生存智慧,书中的每条心法都像手术刀般精准剖开管理顽疾。更可贵的是,敢于揭示那些被刻意回避的真相:"温柔手段做冷酷事情的管理智慧",这些直指人性深处的观察,恰是西方管理著作中稀缺的本土智慧。

本书既是工具书,更是管理者的镜子。

本书不仅提供了"如何做目标管理"的实用方法,更以冷峻笔触点破管理者自身的困局:"伪高管容易让企业陷入不利局面。"这种刀刃向内的反思精神,让本书超越技巧层面,成为管理者淬炼心性的进阶手册。

100 多条心法,构建管理者的认知护城河。

当"敏捷时代淘汰旧思维"成为共识,当"新生代员工追求价值满足"

成为常态，管理者亟需一套融合传统智慧与现代理念的行动体系。本书从古代用人之道到现代绩效考核，从"骨干员工忠诚密码"到"温情化管理模式"，以多元视角搭建起适应本土组织生态的认知框架，这正是本书不可替代的价值所在。

作为长期专注教育、心理成长的资深主播，我深知管理者们的焦虑，面对"招人难留人难"、团队"执行力疲软"、下属"躺平式懈怠"等高频痛点，往往苦无良策。而本书就像一盏探照灯，刺破管理迷雾，直抵管理本质。无论是初创团队"做减法"的生存法则，还是中层管理者"上下兼容"的平衡之道，抑或高层管理者"舍与得"的格局修炼，总有一条心法能解决你的燃眉之急。

推荐本书，并非因其能提供完美答案，而是它教会管理者在复杂境遇中保持清醒：管理的终极智慧，在于参透人性规则，更在于以责任之心善用职权。这本凝结实战智慧的管理指南，值得成为每位追求卓越的管理者的常备工具书。

王仲伟

2025 年 6 月 8 日于北京

前言 Preface

本书深入挖掘了领导力和管理学的核心理念，以心理学为基础，结合丰富的管理实践和组织实验结果，帮助管理者塑造独特的领导魅力。领导力不仅是一种技能，更是一种深植于思维方式和价值观中的能力，它使管理者能够在复杂多变的环境中做出明智决策，引领团队前行。

在实用性方面，本书力求做到全面而深入。它系统地总结了优秀管理者的成长路径，涵盖领导、管理、沟通、团队建设、策划与营销等多个维度。通过丰富的案例和实用策略，为读者展示如何将领导力和管理学的原理应用于实际工作中，以解决实际问题、提升工作效率和增强团队凝聚力。

在可读性方面，本书采用了简练的语言和清晰的结构，以便于读者理解。书中穿插了大量的实践案例和经典故事，旨在使阅读更加有趣且引人入胜。

在透彻性方面，本书对领导力和管理学的原理进行了详尽的剖析和解读，深入探讨了这些原理的内涵和外延，以及它们在实际应用中的具体表现和影响。尽管我们努力做到全面和深入，但仍存在理解上的局限，我们期待与读者共同探讨和深化这些主题。

本书的特色之一在于其丰富的案例。这些案例涉及不同时代、不同行业和规模的企业和组织，涵盖多种领导和管理场景。通过对这些案例的深入分析，我们希望能够为读者提供更直观的理解和应用领导力及管理学的途径。

本书清晰界定了管理者角色，探讨了如何善用人才、合理配置人员，还揭示了管理者常犯的错误并提供了解决方案。书中还介绍了 OKR 管理、引导式管理等多种管理模式和策略，以及目标管理、员工激励等实用技巧，帮助管理者打造高效团队，提升整体业绩。

  尽管我们在编写过程中付出了极大的努力，但书中难免存在不足之处。我们诚挚地邀请读者提出宝贵的批评和建议，以期在未来的版本中不断改进和完善。让我们携手共进，在提升领导力的道路上不断探索和成长。

作者
2025 年 5 月

目 录
Contents

001 | 什么是管理者 ……………………………………………… 001
002 | 官僚主义行为就是不信任团队 …………………………… 003
003 | 团队止步不前、员工原地踏步的五大原因 ……………… 005
004 | 管理者应恪守的三大原则………………………………… 007
005 | 管理定律——保龄球效应………………………………… 008
006 | 管理者如何寻找并留住比自己更优秀的"关键人才" …… 009
007 | 管理中的"酒与污水定律" ……………………………… 011
008 | 格雷欣法则对企业薪酬管理的影响 ……………………… 013
009 | 管理者应精准地配置人力资源 …………………………… 015
010 | 高回报率的管理方法——以尊重为核心的人性化管理 … 017
011 | 管理的热炉法则 …………………………………………… 019
012 | 管理者的气度与情绪链反应 ……………………………… 021
013 | 合格的管理者必会破解华盛顿合作定律 ………………… 023
014 | 管理者必懂的苛希纳定律………………………………… 025
015 | 管理者要懂得懒蚂蚁效应………………………………… 027
016 | 管理高效的蚁群效应 ……………………………………… 029
017 | 管理者破解难题须看清难题的关键所在 ………………… 031
018 | 管理者要避免时钟效应 …………………………………… 033
019 | 管理有后台、爱告密、爱拖延的下属的策略 …………… 035
020 | 有本事的管理者和没本事的管理者 ……………………… 037
021 | 管理中的忌讳……………………………………………… 040
022 | 亲情化管理模式的兴衰 …………………………………… 042
023 | 温情化管理模式 …………………………………………… 043
024 | 制度化管理模式 …………………………………………… 044
025 | 合伙做生意不得不知的陷阱 ……………………………… 045
026 | 初创公司多做减法、少谈管理 …………………………… 046

027	中层管理者与上级的相处之道、做事的格局	048
028	领导者应具备的资质	050
029	管理者如何降服不好管的"刺头"	051
030	管理者提升管理效能的十种境界	053
031	领导者分配工作任务的四大策略	055
032	好领导都会"装瞎""装聋""装傻"	057
033	领导者管理三十六计	058
034	宽广胸怀,塑造卓越领导力	063
035	合理用人乃管理者之责,减少"怨言炸弹"	065
036	新晋管理者如何对待不服从管理的下属	066
037	管理者招人留人难,可从"上下同欲"破局	068
038	如何处理员工异动管理中的离职	069
039	管理者凭经验管理有用吗	072
040	管理如何不被陷入内卷化	074
041	当好副职的六大策略	077
042	什么样的领导者会给公司造成损失	078
043	管理能力速成之道	079
044	管理者应学会的古代用人智慧	081
045	企业害怕这种管理者	082
046	管理者要悟透的三种认知	084
047	做好这四点你就具备高层管理者潜质	086
048	衡量管理者最重要的能力标准	091
049	管理目标定的不合实际就是逼员工"拍屁股"走人	093
050	能力和格局哪个更重要	094
051	提高团队执行力的方法	097
052	象棋里的管理学	100
053	打牌斗地主,管理大学问	101
054	技术型创业者的缺陷	103
055	管理者如何激励核心骨干员工	105

056	古代管理者的用人之道 …… 107
057	管理者需平衡基础绩效和高绩效 …… 109
058	这四种人做了管理者公司后患无穷 …… 111
059	领导者要管理好身边人 …… 114
060	管理者切忌过度使用专业术语或行话 …… 115
061	管理者要做好目标管理 …… 117
062	好的激励制度具有四个特点 …… 120
063	管理者要积极打造敏捷组织 …… 122
064	空降管理者的生存法则——软着陆 …… 126
065	管理者如何让员工有自驱力 …… 127
066	如何管理能力比领导者强的下属 …… 140
067	企业如何做到口碑和人才双高 …… 142
068	破解管理者个人影响力过大的困局 …… 144
069	现代管理中不容忽视的十个现象 …… 146
070	管理者的层级与人性管理策略 …… 150
071	头狼的管理策略 …… 152
072	管理者如何让下属信服 …… 154
073	强化管理权威,稳固自己地位的策略 …… 157
074	管理新时代人才在于提高满足度 …… 159
075	管理者懂打枣理论才能更快到达职业巅峰 …… 164
076	如何当好中层管理者 …… 166
077	管理者如何挑选优秀员工 …… 171
078	伪高管容易让企业陷入不利局面 …… 174
079	中层管理者需要知道的职场智慧 …… 177
080	合格的管理者要懂得以缺为正 …… 180
081	管理者的识人秘诀 …… 183
082	分清这三类员工才能做好管理 …… 187
083	带好团队离不开的五大策略 …… 189
084	刚当上管理者最该知道的两件事情 …… 192

085	用温柔手段做冷酷事情的管理智慧 ·············· 194
086	想要做好管理,"人和"最关键 ················· 196
087	优秀管理者都这样践行自己的角色 ··············· 204
088	领导者要懂得护城河思维 ····················· 210
089	称职的领导者只需做到这八个字 ················ 212
090	管理者切忌只要结果 ························· 214
091	五招管好能力强但难管理的员工 ················ 216
092	向刘邦学管理智慧 ··························· 219
093	管理中的慢马定律 ··························· 220
094	管理高手应学会的骨干员工忠诚密码 ············· 223
095	领导者要懂得竞争博弈智慧 ··················· 226
096	越是创业型企业管理者越要学会这样借力 ········· 229
097	请用高层级领导力去做管理 ··················· 232
098	管理者要认清奖励与惩罚哪个更有效 ············· 235
099	管理者的大忌就是不思考就直接解决问题 ········· 237
100	好的管理者应具备这种低姿态 ················· 239
101	害怕核心员工离职不如想象核心员工离职 ········· 241
102	会用能人还有逆商思维才是管理高手 ············· 244

001 什么是管理者

在探究什么是管理者时，首先要明确一个基本的定义：管理者，就是通过管理别人来完成工作的人。

看似简单的定义，实则蕴含了深远的意义。如果一位管理者不能领悟这一核心要义，他可能会陷入凡事亲力亲为、事事操心的困境中，对任何事情都发表意见，最终使得自己和团队都陷入疲惫和混乱之中。

有这样的管理者，他们似乎无处不在，时刻插手各项事务，从早到晚都在忙碌地指挥。他们看似勤奋，但团队却并未取得显著的进步。这是因为这类管理者就像一个陀螺，不断地在每个员工的工作流程上旋转，让员工只能疲于应付，无法真正前进。这种情况下，团队的效率不仅无法提高，员工也难以获得成长的空间。

那么，作为管理者，究竟应该如何做呢？其实，其核心工作主要集中在以下四个关键点上。

首先，定好目标和方向。

一位优秀的管理者需要为员工设定清晰明确的工作目标，使员工能够清楚地知道每天应该做什么，应该向哪个方向努力。这样的目标设定不仅有助于员工明确工作重点，也有助于团队形成统一的行动方向，从而推动整支团队的进步。

其次，定好执行标准和规则制度。

一个有效的管理体系需要明确的执行标准和规则制度作为支撑。通过设定统一的工作标准和规范，员工能够明确自己的工作职责和工作要求，同时也能根据标准和规范进行自我评估和反思。这样的工作体系不仅能够提高员工的工作效率，也有助于形成公平公正的工作环境，激发员工的积极性。

再次，做好里程碑监控。

管理者需要将大的目标分解成小目标，通过设立里程碑来监控整个进度。

这样，管理者可以更加清晰地了解员工的工作进展，及时发现并解决问题。同时，通过调整小目标，管理者可以更加灵活地应对各种变化和挑战，确保团队始终在正确的轨道上前进。

最后，做好应急预案。

工作中，难免会遇到各种突发情况和问题。一位优秀的管理者需要提前做好应急预案，以便在出现问题时能够迅速做出调整。应急预案包括人员变动、任务调整、资源分配等方面的内容，以确保团队在面对挑战时展现出卓越的稳定性和高效的执行力。

综上所述，作为管理者，首先需要做好核心工作。在此基础上，还需要重视员工的成长和发展。允许员工犯错并给予改错的机会，是帮助员工不断成长的关键。当员工能够不断进步时，管理者自己也会得到成长和提升。

一支优秀的团队需要一位优秀的管理者来引领和推动。一位合格的管理者不仅能够带领团队高效地完成任务，还能够激发员工的潜力和创造力，让整支团队充满正能量和活力。

那么，你是否具备成为一位合格管理者的素质和能力呢？或许，这正是你需要深入思考和探索的问题。

002 官僚主义行为就是不信任团队

官僚主义，似乎离人们很远，像是那些高高在上、遥不可及的某些机构的专属标签。然而，事实上，它就像无处不在的"病毒"，不论是在外资企业，还是在内资企业，都可能有其身影。它并非外来之物，而是源于某些管理者对团队的不信任。

下面通过一个生动的例子来深入地了解这种"病毒"是如何蔓延的。

有一家新兴的娱乐互联网公司，曾经充满活力和创新潜力，但却因官僚主义作风而陷入困境，生动地诠释了"官僚主义行为就是不信任团队"这一观点。

这家娱乐互联网公司成立初期，凭借着一群富有激情和才华的年轻人迅速崛起。团队成员之间相互信任、协作紧密，开发出了一款极具创新性的社交娱乐 App，上线后获得了大量用户的喜爱，公司前景一片光明。

然而，随着公司规模的逐渐扩大，管理层结构变得复杂起来。公司从外部引入了几位有着传统企业管理经验的高层，他们带来了官僚主义的风气。其中，负责项目监督的副总裁林某就是一个典型代表。

林某习惯事无巨细地掌控项目的每一个环节。他要求各个项目组每天提交详细到每个代码改动和设计元素调整的进度报告。这使得开发团队每天要花费大量的时间在整理这些文件上，而不是专注于产品的优化和创新。原本高效的开发流程被严重拖慢，团队成员开始抱怨。

有一次，App 的开发团队正在进行一次重要的版本更新，他们计划加入一些全新的互动功能。开发团队经过内部讨论和评估，制定了一套完整的方案，并准备按计划实施。然而，林某在看过方案后，并没有与开发团队沟通，而是直接邀请了外部咨询团队对方案进行评估。他认为公司内部的团队成员较年轻，可能会有考虑不周的地方。

外部咨询团队并不完全了解产品的用户定位和发展战略，提出了许多与原方案相悖的建议。林某却强行要求开发团队按照外部咨询团队的建议修改方案。开发团队的成员感到非常沮丧，他们看到自己精心设计的方案被轻易否定认为自己的专业能力没有得到认可。

在产品的推广方面，市场团队原本有一个针对年轻用户群体的创意营销计划，这个计划是基于市场团队对目标用户长时间的调研和分析得出的。但林某却要求市场团队按照他制定的传统营销模板来执行，完全忽视了互联网市场快速变化的特点和年轻用户的独特需求。

这种官僚主义行为导致了团队成员对公司决策层的信任逐渐瓦解。开发团队不再积极地提出新的想法，因为他们觉得即使提出来也不会被采纳。市场团队也变得消极，只是机械地执行命令，不再用心挖掘产品的卖点和目标用户。

随着时间的推移，这家娱乐互联网公司的产品更新逐渐滞后于竞争对手，用户开始流失。公司内部氛围压抑，原本充满活力的团队变得暮气沉沉。曾经有潜力成为行业领军者的娱乐互联网公司，因为官僚主义所带来的不信任，陷入了停滞不前的泥沼，这无疑是一个深刻的教训，警示着所有公司要警惕官僚主义的危害。

信任，是团队建设的基石。一支优秀的团队，应该是建立在相互信任的基础之上的。当管理者对员工充满信任时，他们会更加愿意赋予员工权力，让员工在工作中发挥更大的作用。同时，员工也会感受到这种信任，从而更加努力地工作，为团队的发展贡献自己的力量。

因此，管理者应该警惕官僚主义的蔓延，打破那些束缚团队的枷锁，管理者应该相信员工，赋予他们更多的权力和责任，让他们在工作中实现自我价值。只有这样，管理者才能建立一支真正高效、充满活力的团队，推动企业不断向前发展。

管理者们，想想自己的企业，是否存在官僚主义行为？如果有，那么现在，就是改变的时候了。

003 团队止步不前、员工原地踏步的五大原因

许多管理者在经营团队时可能遭遇过这样的困境：团队规模始终难以扩大，员工工作态度消极，仿佛只有在严格的监督下才会勉强完成任务。面对这样的状况，管理者往往会感到困惑和无奈，甚至开始怀疑员工的职业素养和忠诚度。那么，是什么原因造成这种局面的？下面将深入地探讨造成这种局面的五大原因。

第一个原因：管理者对员工的不信任。

这种不信任可能源于管理者对员工能力的质疑，或者担心员工在工作中出现失误会给自己带来麻烦。然而，正是这种不信任，束缚了员工的成长和团队的发展。想想看，一个不敢放手让员工去尝试、去犯错的管理者，又怎能培养出有担当、有能力的团队成员呢？

第二个原因：不敢授权。

有些管理者事必躬亲，大小事务都要亲自过问，导致员工缺乏自主权和责任感。这样的管理方式不仅让管理者自己疲惫不堪，也让员工感到压抑和无奈。一支健康的团队应该是一个分工明确、各司其职的集体，每个成员都应该有自己的职责和权限。

第三个原因：管理者对员工成长的忽视。

有些管理者担心员工一旦成长起来就会跳槽离开，因此不愿意投入资源去培养员工。然而，这种短视的行为只会让团队陷入恶性循环。优秀的员工不会因为一时的薪资或发展机会而选择离开，他们更看重的是团队的氛围和长期的发展潜力。如果管理者能够为员工提供一个良好的成长环境，那么员工自然会愿意为团队的长远发展贡献自己的力量。

第四个原因：不愿意与员工分享利益。

有些管理者把员工当作赚钱的工具，只看重员工的产出而不愿意给予相应的回报。这种剥削式的管理方式不仅违背了公平原则，也严重挫伤了员工的积极性和忠诚度。一位明智的管理者应该懂得与员工分享利益，让员工感

受到自己的付出得到了应有的回报。

第五个原因：管理者对庸才的纵容。

一些管理者往往出于人情世故或怕得罪人，不愿意解雇那些表现不佳的员工。然而，这种姑息迁就的做法只会让团队的整体素质下降，有能力的员工也会因为看不到晋升机会而选择离开。一支优秀的团队应该是一个优胜劣汰、竞争激烈的集体，只有这样才能不断激发员工的潜力和创造力。

综上所述，造成团队止步不前、员工原地踏步的原因主要是管理者自身的问题。作为管理者，应该深刻反思自己的管理方式是否存在以上问题，并积极寻求改进之道。只有当管理者真正信任员工、敢于授权、注重员工成长、愿意分享利益并坚决淘汰庸才时，团队才能迎来真正的壮大和发展。

004 管理者应恪守的三大原则

管理者在日常工作中，需要恪守三大原则：不回避问题、不拖沓、言出必行。然而，遗憾的是，这三个看似简单的原则，却是许多管理者在履行职责时常常踩到的"雷区"。

身为管理者，就应当在业务中冲锋陷阵，在团队中树立一言九鼎的权威。这意味着，面对团队中的每一个问题，无论是大是小，管理者都应当直截了当地去面对、去回答、去解决。那种避重就轻的做法，只会让原本简单的问题变得复杂难解，管理者一旦言而无信，便等同于失去了团队的信任，人心也就随之流失。

古语有云："得民心者得天下。"这句话对于管理者来说，有着深刻的启示。一位优秀的管理者，不仅要让团队看到管理者的能力，更要展现出管理者的担当和责任心。管理者是团队的灵魂，是团队的支柱。管理者用制度来管理团队，用文化来凝聚人心，用结果来优胜劣汰。

一位真正好的管理者，应当是一名好的老师，能够悉心教导、引领团队成长；应当是一名好的军师，能够运筹帷幄，决胜千里；更应当是一名好的战士，能够身先士卒，与团队并肩作战。同时管理者要擅长发现每位员工的优点，相信每一位员工都有其独特的价值。

要知道，这个世界上没有无用的士兵，只有不会调兵遣将的将领。一位优秀的管理者，应当懂得人尽其才，物尽其用。管理者应当善于整合各种资源，让团队中的每一个人都能够发挥长处，共同为团队的目标而努力。

所以，作为一位管理者要时刻牢记这三大原则，避免犯错，努力成为团队中的引领者和榜样。只有这样，才能够带领团队走向成功，实现共同的目标。

005 管理定律
——保龄球效应

在行为科学领域，有一个广为人知的管理定律——保龄球效应，它揭示了一个重要的管理原则。下面通过两位保龄球教练的故事来深入理解这一效应。

甲、乙两位保龄球教练分别带领各自的队员进行训练。在初次尝试中，两队取得了相同的成绩，即用1个球击倒了7个瓶子。然而，两位教练的反馈方式却大相径庭。

教练甲对队员表示赞赏："很好！你一次就打倒了7个。"队员在得到这样的肯定后，备感鼓舞，心中暗自下定决心要更加努力，争取将剩下的瓶子全部击倒。

而教练乙则对队员表达了不满："怎么搞的！还剩下3个没打倒。"队员在听到这样的指责后，心情瞬间低落，不禁在心中抱怨："这个教练怎么就看不见我用1个球打倒了7个瓶子呢？"

随着时间的推移，教练甲的队伍成绩稳步提升，而教练乙的队伍成绩则一落千丈。这一对比鲜明的结果，给管理者带来了深刻的启示。

人们内心深处都渴望得到他人的认可与赞赏，这是人的正常心理需求。当面对指责时，人们往往出于防卫心理，会为自己进行辩解。

一位成功的管理者，应当深刻地理解并满足员工的心理需求，努力发现员工的优点，对员工展现出亲切的态度，鼓励员工发挥创新精神，并在员工遇到困难时伸出援手。这样的管理者能够激发员工的潜能，推动团队向前发展。

相反，那些只看到员工的不足、专门挑剔员工缺点、靠威吓来震慑员工的管理者，往往会令员工感到反感并遭到抵制。这样的管理方式不仅无法激发员工的积极性，还可能导致员工一事无成，整支团队的管理也会陷入混乱。

因此，作为管理者，应该学会运用"保龄球效应"，用赞赏和鼓励来激发员工的潜能，而非用指责和威吓来打压员工的积极性。只有这样，才能打造出一支高效、和谐的团队。

006 管理者如何寻找并留住比自己更优秀的"关键人才"

美国奥格尔维·马瑟公司的前总裁奥格尔维曾提出一个深刻的见解：如果一家公司管理者能够雇用比自己能力更强的人，那么这家公司就能成为行业中的佼佼者；相反，如果公司管理者雇用的人的能力不如管理者自己，那么这家公司就只能做出更差的业绩。

这一观点，后来被称作"奥格尔维法则"，其核心在于强调正确的人才配置对于激发员工潜力、提高企业整体效益的重要性。它提醒管理者应该注重选拔和培养那些有能力超越自己的人才，这样的管理理念有助于企业的长期发展和竞争力的提升。

优秀的企业，固然依赖于出色的产品、先进的设备和雄厚的资本支持，但更为关键的是拥有一群卓越的人才。单纯的财力和物力，并不能为企业带来持久的变革和进步。唯有那些才华横溢的人，才是推动企业持续发展的根本动力。

那么，如何寻找并留住比自己更优秀的"关键人才"呢？

首先，是如何寻找这些"关键人才"。

招聘过程中，可以积极利用猎头公司。因为猎头公司往往对行业内的精英人才了如指掌，通过他们，可以更有效地接触到这些优秀的人才。

当面对优秀的应聘者时，管理者需要认识到，他们可能会受到原雇主的挽留。此时，管理者可以提醒他们，这种挽留只是暂时的，原雇主可能只是暂时找不到更合适的人选。

为了了解应聘者对未来的设想和规划，可以要求他们提交商业计划。这样，可以更直观地了解他们的想法和判断他们的潜力。

公司的最高管理层，如董事长或总经理，应亲自与优秀的应聘者进行深入交流，了解他们对行业的认知和看法。这样，可以更全面地了解他们的专业素养和行业洞察力。

其次，就是如何留住这些"关键人才"，可以从以下几方面入手。

第一，待遇留人。

一位著名的经济学家曾指出，真正的重视人才，不仅要讲"重视"，更要讲"待遇"。优厚的薪资待遇，是对人才价值和贡献的认可，也是吸引和留住"关键人才"的重要手段。

第二，职业留人。

"关键人才"往往有着更高的职业追求和发展期望。因此，需要为他们制定明确的职业生涯规划，让他们看到在公司内部的发展前景和晋升机会。

第三，情感留人。

企业的管理者应该经常与"关键人才"进行沟通交流，关心他们的工作感受和生活状态，倾听他们的意见和建议。同时，当"关键人才"取得进步时，管理者应该及时给予肯定和奖励，让他们感受到公司的关心和认可。

第四，培训留人。

对于"关键人才"，公司应该积极提供培训和学习机会，帮助他们提升专业技能和综合素质，进一步增强他们在行业内的竞争力。

总之，善于寻找并留住比自己更优秀的"关键人才"，是每一位管理者应该具备的能力和智慧。只有这样，管理者才能构建一支充满活力、创新和发展的企业团队，才能共同迈向更加辉煌的未来。

007 管理中的"酒与污水定律"

在管理学中存在一个既微妙又深邃的定律，那就是"酒与污水定律"。这一定律看似简单，却蕴含着丰富的哲理，对于理解组织行为、优化管理策略有着深远的启示。

想象一下，一桶美酒，清冽透明，香飘四溢。但只需一匙污水倒入其中，这桶美酒便立刻变得污浊不堪，失去了原有的醇厚口感。同样，将一匙美酒倒入一桶污水中，结果依旧是污水，那香醇的美酒似乎在这污浊的环境中无法发挥作用。这便是"酒与污水定律"，污水与酒的比例并非决定因素，真正的关键在于那一匙污水，它的存在足以让整桶美酒变质。

在任何一个组织中，都不难发现这样的"污水"存在。他们可能是那些总是抱怨、传播流言、破坏组织和谐的人，也可能是那些工作不积极、影响组织士气的人。他们的存在，就像毒瘤，时刻威胁着组织的健康与发展。

这些"污水"人物，往往具有惊人的破坏力。他们就像果箱里的烂苹果，如果不及时处理，会迅速传染，让整个果箱里的苹果都变得腐烂。他们的言行举止，会影响到周围的人，让原本积极向上的组织氛围变得沉闷压抑。更糟糕的是，他们的存在还会让那些正直能干的人感到灰心丧气，甚至选择离开。

组织系统本身是脆弱的，是建立在相互理解、妥协和容忍的基础之上的。然而，这些"污水"人物却很容易侵蚀组织的健康，破坏组织的和谐与稳定。他们的行为，往往比建设性的行为更容易得到传播和放大，给组织带来无法估量的损失。

因此，作为管理者，需要时刻保持警惕，及时发现并处理这些"污水"人物，不能因为他们的存在而让整个组织受到损害。对于那些公然唱反调的"刺头"，可以采取适当的措施进行约束和纠正；对于那些两面三刀的小人，更需要保持清醒的头脑，不被他们的表面行为所迷惑，坚决抵制他们的破坏行为。

当然，处理这些"污水"人物并非易事。管理者需要有足够的智慧和勇气，采取适当的策略和方法。但只要管理者坚定信念，坚持原则，就一定能够将这些"污水"人物清除出组织，让组织恢复健康与活力。

同时，管理者也应该认识到，一个优秀的组织不仅需要剔除"污水"，更需要培养和留住那些优秀的人才。管理者应该关注那些正直能干的人，给予他们足够的支持和信任，让他们在组织中发挥更大的作用。这样，组织才能不断壮大和发展。

总之，"酒与污水定律"提醒管理者，在管理中要时刻保持警惕，及时发现并处理那些破坏组织健康的"污水"人物。同时，管理者也要积极培养和留住那些优秀的人才，为组织的持续发展提供坚实的保障。只有这样，才能打造出一个高效、和谐、充满活力的组织，让企业在激烈的竞争中脱颖而出。

008 格雷欣法则对企业薪酬管理的影响

薪酬管理作为企业管理的重要组成部分，直接关系到员工的工作积极性、企业的整体运营效率和市场竞争力。然而，在实际操作中，常常会发现一种有趣的现象，即低能力员工的薪酬反而超出高能力员工的薪酬，这就是所谓的"格雷欣法则"，也被称为"劣币驱逐良币"。这种现象不仅违背了公平、公正的原则，也对企业的长远发展造成了不良影响。

格雷欣法则最初是描述货币流通中的现象，即当两种实际价值不同但名义价值相同的货币同时流通时，实际价值较高的货币（良币）往往会被收藏或输出国外，而实际价值较低的货币（劣币）则会充斥市场。在企业的薪酬管理中，这种现象同样存在。当企业的薪酬制度不合理，导致低能力员工的薪酬超出高能力员工的薪酬时，就会引发以下三方面的问题。

首先，低能力员工的薪酬过高会打击高能力员工的工作积极性。

当高能力员工发现自己的付出与回报不成正比，而低能力员工却能享受更高的薪酬时，他们可能会感到不公平，从而产生消极情绪，降低工作效率。这种情况如果长期存在，高能力员工可能会选择离职，寻找更能体现自己价值的平台，这对企业来说，无疑是一种巨大的人才损失。

其次，低能力员工的薪酬过高会影响企业的整体运营效率。

低能力员工在能力上有所欠缺，可能无法胜任一些高难度、高要求的工作，这就会导致工作进度缓慢、质量下降。而企业为了维持正常运转，不得不投入更多的资源来弥补这些不足，这无疑会增加企业的运营成本。

最后，低能力员工的薪酬过高还会损害企业的市场形象。

在竞争激烈的市场环境中，企业的薪酬水平往往被视为其经济实力和市场地位的象征。如果企业的薪酬制度不合理，导致低能力员工的薪酬过高，就会给外界留下一种"有钱乱花"的印象，进而影响企业的声誉和品牌形象。

那么，如何避免薪酬管理的格雷欣法则呢？可以从以下几方面进行探讨。

首先，企业需要建立科学、公正的薪酬制度。

在制定薪酬制度时，企业应充分考虑业务线的差异、工种级别的差异、工龄的差异，再结合员工的实际工作能力、工作表现、市场薪酬水平等因素，确保员工的薪酬与其付出和贡献成正比。

其次，企业应加强对薪酬制度的宣传和培训。

企业向员工解释薪酬制度的设计理念和具体执行标准，增强员工对薪酬制度的认同感和信任感，从而减少不公平感。

最后，企业还应建立有效的激励机制和约束机制。

企业设立合理的奖金、晋升渠道等激励机制，激发员工的工作积极性和创造力。同时，企业建立严格的考核制度和惩罚机制，约束员工的不良行为，维护企业的正常运营秩序。

总之，格雷欣法则对企业来说是一种潜在的危机。企业需要认真对待这一问题，通过科学合理的薪酬制度设计和有效的管理手段来避免其发生，从而确保企业的健康稳定发展。

009 管理者应精准地配置人力资源

在人力资源管理中，精准地配置人力资源无疑是至关重要的。这不仅意味着将合适的人选安置在恰当的岗位上，还是实现员工与岗位完美契合的艺术。

在员工与岗位的匹配上，管理者需要明白这是一个动态而非静态的过程。随着社会经济、科技的飞速发展，企业的岗位要求也在不断变化。与此同时，员工的才能和精力也会随着年龄的增长、所受教育和经验的积累而逐渐变化。因此，企业必须敏锐地捕捉到这些变化，及时做出相应的调整和更换，以实现员工与岗位的动态匹配。

在用人之道上，许多管理者往往将员工视为机器上的零部件，仅利用其单一的工作能力，这无疑是对员工价值的极大浪费。要真正发挥员工的价值，管理者必须牢记以下四点。

第一点：人是具有思考能力的生物，思考是人的最大价值所在。

企业的领导者应鼓励员工积极参与企业的决策过程，让他们的智慧为企业的发展贡献力量。

第二点：给予员工足够的发挥空间是至关重要的。

没有空间，员工就无法施展才华。企业的管理者应学习刘备对诸葛亮的信任，敢于将重任托付给有能力的人，让他们在广阔的舞台上尽情施展才华。

第三点：激发员工的工作热情至关重要。

热情是工作的原动力，只有让员工充满热情地投入工作，才能创造出更多的价值。

第四点：充分利用企业的关系资源。

每个员工都是企业关系资源中的一环，只有将这些资源充分整合利用，才能发挥出最大的作用。

总之，识才、用才并做到人尽其才，是企业管理中的一项极具挑战性的任务。而优秀的管理者则能够精准地把握员工与岗位的匹配度，将合适的人放在最合适的位置上，从而释放出员工的最大潜能。

010 高回报率的管理方法——以尊重为核心的人性化管理

在当今竞争日益激烈的市场环境中，企业成功与否往往取决于其内部管理的质量与效率。在众多管理方法中，有一种被誉为"回报率最高"的管理方法，即以尊重为核心的人性化管理。尊重员工不仅是人性化管理的必然要求，更是一种高回报的感情投资，能够在很大程度上激发员工的潜能，进而提升企业的整体效益。

尊重员工是每一位管理者应该具备的职业素养。当员工的私人身份得到尊重时，他们会感受到被重视、被激励，从而激发出内心深处的工作热情。这种工作热情不仅会使他们更加积极地投入工作中去，还会促使他们主动与领导沟通想法、探讨工作，为团队的发展贡献自己的力量。同时，尊重员工也是管理者获得员工尊重的重要途径。管理者与员工互相尊重，才有助于营造和谐的团队氛围，增强团队凝聚力。

尊重员工意味着给予员工一定的私人空间，即使在工作时间也应如此。管理者不应过分干涉员工的工作过程，而应指导员工学会时间管理，让他们做好工作规划，充分利用好自己的时间，做好职责范围内的工作。这样，员工不仅能够在工作中找到乐趣，还能更好地发挥自己的才能，提高工作效率。

依据二八定律，员工通常只有 20% 的时间用于做自己喜欢的工作。如果管理者能够给予员工足够的时间和空间去做自己喜欢的工作，那么他们的工作将更有效率、更有成绩。同时，管理者还应帮助员工树立信心，正确认识和评估自己，有效规划自己的工作，提高工作技能，增加知识储备。这样，员工不仅能够更好地完成工作任务，还能够不断提升自己的能力和素质。

在尊重的基础上，员工将经历一个从依赖到独立再到互相依赖的发展过程。他们会逐渐学会对工作负责，主动承担工作任务，提高自我管理水平。随着这种发展过程的推进，员工的自我实现需求将得到满足，进而达成团队合作、共谋发展的目标。

人性化的管理需要人性化的观念和人性化的表现。最为简单和最为根本的就是尊重员工的私人身份，把员工当作一个社会人来看待和管理。只有这样，才能真正实现以人为本的管理，让员工在工作中感受到温暖和关怀，激发他们的工作热情和创新精神。让管理从尊重开始，是每一位管理者应该深思并付诸实践的课题。

011 管理的热炉法则

在管理的广阔天地中，热炉法则如同一座永恒的灯塔，指引着组织走向规范与和谐。热炉法则源自西方管理学中的惩罚原则，不仅体现了在规章制度面前人人平等的核心精神，而且在实践中也展现了其独特的魅力和价值。

首先，热炉法则强调的即刻性，是管理高效运行的关键。正如火炉让人即刻感觉到烫，管理制度也应当如此，不论职位高低，一旦触犯，必须立即给予相应的惩罚。这种即时的反馈机制，不仅能够纠正错误行为，还能够使违规者深刻认识到自己的错误，从而避免再次犯错。同时，对于其他员工来说，这种即刻性的惩罚也是一种警示，使他们能够自觉遵守规章制度，维护组织的正常运行。

其次，热炉法则同样强调预先示警性，即制度在制定之初就应该明确告知员工哪些行为是允许的，哪些行为是禁止的，以及违反规定将会面临什么样的惩罚。这种明确的示警，能够使员工在行动之前有所顾忌，从而防止违规行为的发生。同时，明确的示警还能够使员工对制度产生敬畏之心，自觉遵守规章制度，形成良好的工作习惯。

最后，在热炉法则中，彻底贯穿性是一个不可忽视的特性。它要求管理者在执行制度时，必须说到、做到，不能有任何的妥协和姑息。这种彻底的执行力度，不仅能够维护制度的权威性和严肃性，还能够使员工对制度产生信任感，从而更加自觉地遵守规章制度。如果管理者在执行制度时优柔寡断、瞻前顾后，那么制度就会失去其应有的作用，成为一纸空文。

在强调惩罚的同时，不能忽视奖励的作用。正如一些优秀企业所展示的，奖励与惩罚并存的管理机制更加符合人性的需求。某互联网公司，新员工的管理"高压线"就是培训学习时不许上网聊天，违者将被辞退。这种严格的惩罚制度虽然让一些员工心生畏惧，但同时也激励着他们更加努力地工作和学习。同时，公司也通过加大奖励额度和拓宽奖励范围来激励员工，形成了"奖励为主，处罚为辅"的激励型管理机制。这种机制不仅提高了员工的工作积极性和创造力，还增强了企业的凝聚力和竞争力。

在制定和执行罚款制度时，必须遵守合理、合情的原则。罚款的金额根据违规行为的严重程度和企业的实际情况来设定，不能过高也不能过低。过高的罚款金额会让员工感到不公平和不满，过低的罚款金额则不能起到应有的惩罚效果。同时，还应该注重罚款制度的公开性和透明性，让员工了解罚款的原因和依据，从而增强他们对制度的信任感和认同感。

机制的创新和进步也是非常重要的。企业应该鼓励员工行使自身的权利和义务，通过合理化建议等形式对罚款制度进行完善和改进。同时，企业也应该大力激励员工，包括加大奖励额度和扩大奖励范围等方式。

总之，热炉法则作为管理的一种基本方法，在实践中发挥着重要的作用。它强调在规章制度面前人人平等，强调即刻性、预先示警性和彻底贯穿性等特性，要求管理者在执行制度时必须做到严格、公平和公正。同时，管理者也要注重奖励与惩罚并存的管理机制以及机制的改进和创新等方面的工作，从而推动企业的持续发展和进步。

012 管理者的气度与情绪链反应

"情绪链反应"是指当一位管理者因内心不满而对其下属发泄情绪时，这种情绪会在社会关系的链条中层层传递，最后最底层的员工承受最终的冲击。

在心理学中，"踢猫效应"常被用来形容一种情绪的负面蔓延，这也是一种"情绪链反应"。一位父亲因在公司受到老板的责备，回到家后看到孩子在沙发上跳来跳去，心情烦躁的他就把在沙发上嬉戏的孩子臭骂了一顿。孩子心里窝火，转而狠狠地去踢了在他身边打滚的猫咪，猫咪受到惊吓后逃到街上，这时一辆卡车恰巧行驶过来，司机赶紧避让，却把路边的行人撞伤了。

这就是心理学上著名的"踢猫效应"。这不仅是一个简单的情绪传递过程，更揭示了情绪如何在社会关系中形成连锁反应，最终导致无辜者受到伤害。

这背后其实涉及一个更深层次的问题，就是管理者的气度。古人云："修身齐家治国平天下"，其中"修身"便是首要之务。这里的"修身"，不仅指学识的积累，更包含对自身情绪的控制与调整。一位真正有气度的管理者，应当能够从容面对各种压力与挑战，保持内心的平静与坚定，不轻易将负面情绪发泄给下属。

例如，一位高僧在云游前将满院的兰花托付给弟子照料。然而，一场突如其来的暴风雨打落了这些兰花。弟子心中忐忑，担心被师父责难。但高僧归来后只是淡淡地说："我种兰花并非为了生气。"弟子听后，如醍醐灌顶，领悟到了生活的真谛。

在竞争激烈的现代社会中，保持一种豁达的气度尤为重要。这不仅意味着对心理弱点的克服，更意味着人格魅力的提升。当面对挫折与失败时，如果能够保持冷静与理智，不被负面情绪左右，那么管理者能更好地应对挑战，走向成功。

然而，在现实生活中，许多人在受到批评后并不是选择反思与改进，而是将负面情绪发泄给周围的人。这种行为不仅不利于问题的解决，反而可能加剧矛盾与冲突。因此，需要学会正确地面对批评与指责，从中吸取经验与教训，不断提升自己的能力与素养。

作为管理者更应该以身作则，树立良好的榜样。当遇到挫折与不顺心的事情时，管理者应该学会调整自己的情绪与心态，避免将负面情绪传递给下属。只有这样，才能建立一个和谐、积极的工作环境，促进团队的共同成长与发展。

总之，"情绪链反应"揭示了情绪在社会关系中的传递与影响。作为管理者，应该注重培养自己的气度与情绪管理能力，以积极、健康的心态面对各种挑战与压力。只有这样，才能真正成为一位成功的管理者，带领团队走向更加辉煌的未来。

013 合格的管理者必会破解华盛顿合作定律

"华盛顿合作定律"是指一个人敷衍了事，两个人互相推诿，三个人则永无成事之日。这有点类似于"三个和尚没水喝"的故事。人与人的合作并非人力的简单相加，而是更为复杂和微妙。

在人与人的合作中，假设每个人的能力都为 1，那么 10 个人的合作很有可能有两种截然不同的结果，可能比 10 大得多，也有可能比 1 还要小。因为人并非静止的存在，而更像方向各异的能量体，相互促进时事半功倍，相互抵触时则一事无成。

在传统的管理理论中，对合作研究得并不多，最直观的反映就是，目前的大多数管理制度致力于减少人力的无谓消耗，而非利用组织提高人的效能。换言之，管理的主要目的，不是让每个人做到最好，而是避免内耗过多。

"华盛顿合作定律"表明了合作是一个问题，怎样合作也是一个问题。

"一个和尚挑水喝，两个和尚抬水喝，三个和尚没水喝"常常误导管理者仅从人数多少审视问题。当一个单位、一个企业效益不好，管理者往往不在其他方面找原因，而是简单地归咎于"和尚"多了，于是进行减员、优化。

然而，实际并非如此，有的单位或企业精减了人员却并没有增效，"和尚"少了，还是没水喝。看来，有没有水喝，与"和尚"的数量多少并没有必然的联系。

那怎样才能破除"三个和尚没水喝"的困局呢？以下四种解决办法供读者参考。

第一种解决办法是轮流挑水。这样，喝水的问题迎刃而解。

第二种解决办法是分工负责。有挑水的，有砍柴的，有做饭的，每个人明确责任，同时又分工合作，这样不仅解决了喝水问题，也建立了新的管理机制。

第三种解决办法是建立激励政策。谁主动承担挑水的任务，在物质分配、职务晋升等方面就优先考虑，如果挑水成绩显著，还可以给予重奖。这样，喝水问题得以有效解决，还促进了寺庙的"精神文明"建设，寺庙管理也能提高到一个新水平。

第四种解决办法是三个和尚一人一个桶，每次三人一起去打水。在打水过程中，加强了三个和尚的沟通和协作，虽然表面上看是各自为政，但实际上却是为了一个共同的大目标而努力。

以上四种解决办法都能破局，要解决喝水问题，关键在管理。因此，管理者必须坚持向管理要效益的方针，从建立管理制度入手，形成分工合理、职责明确、奖罚分明的管理机制；同时，不断提高员工整体素质，搭建一个有利于人才竞争、有利于人才成长的舞台，形成"揽天下英才为我所用"的激励机制。

任何一个企业，无论是分工合作、职位升迁还是利益分配，即使出发点是公正的，但都可能会因某些人的"主观因素"而引发一系列的纷争与困扰。这些"主观因素"的滋生和蔓延，往往会让原本简单的上下级关系和同事关系变得错综复杂，使办公室氛围充满了无形的竞争与冲突。

为了打破这种局面，创建一种高效能且充满合作精神的团队文化显得尤为重要。只有构建这样的团队文化，并辅以有效的团队管理策略，管理者才能彻底摆脱"华盛顿合作定律"的束缚，确保团队的目标能够顺利实现。高效能团队的合作文化不仅有助于减少主观因素带来的负面影响，还能激发团队成员的积极性和创造力，共同推动企业的可持续发展和繁荣。

014 管理者必懂的苟希纳定律

苟希纳定律是指在管理中，实际管理人员比最佳人数多时，工作时间不但不会减少，反而会随之增加，而工作成本也会成倍增加。

如果实际管理人员比最佳人数多2倍，工作时间就要多2倍，而工作成本就要多4倍；如果实际管理人员比最佳人数多3倍，工作时间就要多3倍，而工作成本就要多6倍。因此，在管理中，并不是人多力量大，管理人员越多，工作效率未必就会越高。实际上，苟希纳定律认为员工组合的工作效率和工作负荷程度成反比。

例如，全球最大的零售企业沃尔玛公司的创始人山姆·沃尔顿说过："没有人希望裁掉自己的员工，但作为企业高层管理者，却需要经常考虑这个问题。否则，就会影响企业的发展前景。"他深知，企业机构庞杂、人员配置不合理，会使企业官僚之风盛行，人浮于事，从而导致员工工作效率低下。

为避免这些问题在自己的企业里发生，沃尔顿想方设法地利用最少的人做最多的事，极力地减少成本，追求效益最大化。

从经营自己的第一家零售店开始，沃尔顿就很注重控制公司的管理费用。在当时，大多数企业会用企业销售额的5%来维持企业的经营管理。但沃尔顿却用公司销售额的2%来维持公司经营！这种做法贯穿了沃尔玛发展的始终。

在沃尔顿的带领下，沃尔玛的员工经常起早贪黑，工作努力尽责。沃尔玛雇用的员工比竞争对手少，但所做的事却比竞争对手多，企业的生产效率自然就比竞争对手高。

在沃尔玛全体员工的努力工作下，公司很快从只拥有一家零售店，发展到拥有全球2000多家连锁店。公司大了，管理成本也高了，但沃尔顿却一直沿用过去的做法——将管理成本维持在销售额的2%左右，用最少的人做最多的事！

沃尔顿认为，精简的机构和人员是企业良好运作的根本。与大多数企业不同，沃尔玛在遇到问题时，不是采取增加机构和人员的方法来解决问题。

相反，而是追本溯源，解聘失职人员和精简相关机构。沃尔顿认为，只有这样才能避免机构重叠，人员臃肿。

在沃尔顿看来，精简机构和人员与反对官僚作风密切相关。他非常痛恨企业的管理者为了显示自己地位的重要性，而在自己周围安排许多工作人员。他认为，工作人员的唯一职责，就是为顾客服务，而不是为管理者服务。

一切与为顾客服务无关的工作人员，都是多余的，应该裁掉。他说："只有从小处着想，努力经营，公司才能发展壮大！"沃尔玛能有今天的成功，是沃尔顿自始至终地坚持低成本运作的结果，这一点功不可没。

在一个充满竞争的社会里，一个企业要想长久地生存下去，就必须保持自己长久的竞争力。企业竞争力的来源，在于用最小的工作成本换取最高效的工作效率，这就要求企业必须做到用最少的人做最多的事。只有机构精简，人员精干，企业才能保持永久的活力，才能在激烈的竞争中立于不败之地。

综上所述，管理者应该明白一个道理：人多必闲，闲必生事；民少官多，最易腐败。实际的人员数目比需要的人员数目多，就会产生诸多弊端，形成恶性循环。

苛希纳定律告诉管理者：要想铲除"十羊九牧"的现象，必须精兵简政，寻找最佳的人员规模与组织规模。只有这样才能构建高效精干、成本合理的经营管理团队。

015 管理者要懂得懒蚂蚁效应

懒蚂蚁效应是指懒于杂务，才能勤于动脑。

日本北海道大学进化生物研究小组分别对三个由 30 只蚂蚁组成的黑蚁群的活动进行了观察。结果发现，大部分蚂蚁都很勤快地寻找、搬运食物，而少数蚂蚁却整日无所事事、东张西望，人们把这些少数蚂蚁叫作"懒蚂蚁"。

有趣的是，当生物学家在这些"懒蚂蚁"身上做上标记，并且断绝蚁群的食物来源时，那些平时工作很勤快的蚂蚁显得无所适从，而"懒蚂蚁"则"挺身而出"，带领众蚂蚁向它们早已侦察到的新的食物源转移。

原来"懒蚂蚁"把大部分时间花在了"侦察"和"研究"上了。它们能观察到组织的薄弱之处，同时保持对新的食物的探索状态，从而保证蚁群不断得到新的食物来源。这就是所谓的"懒蚂蚁效应"——懒于杂务，才能勤于动脑。

相对而言，在蚁群中，"懒蚂蚁"更重要；在企业中，能够注重观察市场、研究市场、分析市场、把握市场的人也至关重要。

例如，以自主研发为核心竞争力的"奇瑞"汽车近几年在业界崭露头角，而"奇瑞"最初的研发人员就是其他公司的"懒蚂蚁"，即 10 多位因为原公司打算撤销技术中心而集体跳槽的工程师。当时，一些汽车公司热衷于为跨国汽车品牌做加工装配以获得短期利润，技术人员这些看着好像不干活的"懒蚂蚁"就不被重视甚至被淘汰。而市场却再一次证明，企业要长远发展，必须重视"懒蚂蚁"，培养"懒蚂蚁"。

某公司总经理参加了南京市工商联组织的为民营科技企业做有关科技政策的讲解活动。一些优秀企业代表问了一些很基础的问题，如怎样申请科技项目补助基金等，这位总经理说："在座的各位企业经营业绩都很好，值得大部分企业学习。但是，大家可能都把精力集中在看得到的地方，忘了养一些'闲人'；而这些'闲人'却非常熟悉产业发展、政府政策、项目申报、公关礼仪等事关大局的事项。这些'闲人'就是企业里的'懒蚂蚁'，在关键时候将发挥重大作用。"

由此，作为管理者应当从中得到的启示是：勤与懒是相辅相成的，"懒"未必不是一种生存的智慧。懒于杂务，才能勤于动脑。

一个企业在激烈的市场竞争中，如果所有的人都很忙碌，没有人能静下心来观察、思考市场环境和内部经营状况，就永远不能跳出狭窄的视野，找到发现问题、解决问题的关键，看到企业未来的发展方向并做出一个长远的战略规划。

在一个分工协作的组织内部，勤者与"懒者"都是不可或缺的。大量勤者的存在，是一个组织赖以生存的必要条件。但是一个组织的生存和发展，还需要懒于具体事务，却勤于思考创新的决策者、谋划者、组织者、协调者、指挥者。没有了这样的"懒者"，勤者极易无所适从，乱了头绪。

管理者在人才的运用和配置中，更需要分清人才的类型和特点，加以合理运用，把各类人才放置在恰当的位置，盘活和优化人力资源。

对于不能成为"懒蚂蚁"的"勤蚂蚁"，要尊重他们的工作价值，根据其能力和特点分配工作，使他们正确定位，不断认识和提高自我，注重扬长避短，充分发挥能力，和"懒蚂蚁"相互支持、相互依托、和谐共处，贡献其智慧和能量，携手确保企业安全、稳定，推进企业和谐发展。

懒蚂蚁效应说明了企业在用人时，既要选择脚踏实地、任劳任怨的"勤蚂蚁"，也要任用运筹帷幄、对大事大方向有清晰头脑的"懒蚂蚁"。"懒蚂蚁"不被杂务缠身而擅长辨别方向和指挥前进，能想大事、想全局、想未来。

针对不同的岗位，确定不同的考核标准，才能客观、正确地评价不同人员的贡献，对中高层的管理者而言，切忌一套标准套住所有的人员。

特别提醒管理者的是，如果你的企业人员效能配比非常低，作为管理者就应该充当"懒蚂蚁"，这样人员效能配比就能大幅提高。

016 管理高效的蚁群效应

蚁群效应是指人们从蚁群的组织和分工中，总结出来的灵活的组织建设和运转方式。蚂蚁有严格的组织分工，但它们的分工，能够迅速根据环境做出调整。蚁群效应之所以成为"高效"的代名词，是因为通过组织结构和岗位设置发挥了团队成员的组织能力。

下面对蚁群效应做一个说明。

蚂蚁的世界，一直是人类学者和社会学者关注的焦点，它们的组织体系和快速灵活的运转能力，始终是人类学习的典范。

蚂蚁有严格的组织分工和由此形成的组织框架，而它们的组织框架在具体的工作情景中有相当大的弹性。比如，它们在工作中的自我组织能力特别强，不需要任何监督就可以形成一支良好的团队，而有条不紊地完成工作任务。

蚂蚁做事，是非常讲究流程的，但它们对流程的认识，是直接指向工作效率的。比如，两只蚂蚁发现食物后，会分别走两条路线回到巢穴，边走边释放出一种只有它们自己才能识别的激素做记号，先回到巢穴的蚂蚁，会释放出更重的气味，这样同伴就会走最近的路线去搬运食物。

蚂蚁做事有分工，但它们的分工是有弹性的。一只蚂蚁搬食物往回走时，碰到下一只蚂蚁，会把食物交给它，自己再返回；碰到前面携带食物的蚂蚁时，再将食物接过来，交给下一只蚂蚁。蚂蚁要在哪个位置交换不固定，唯一固定的是起始点和目的地。

由此可见，蚁群效应的优势主要表现为：弹性（能够迅速根据环境变化进行调整）、强韧性（独立个体的弱势，但并不影响整体的高效运作）、自组织性（无须太多的自上而下的控制或管理，就能自我完成工作）。

一家大型零售连锁店就运用了蚁群效应模式来调整其物流仓储中心的工作流程。

以前，该仓储中心利用区域方式拣货，如果上一个流程没有完成，下一个流程只能等着。由于每个人的工作速度有差异，而且仓储中心的商品品类多，即便同一个人，对不同商品的拣货速度，也存在差异。这种区域方式拣货，经常出现一个人在等待别人完成工作后再接手的情况。

利用蚁群效应调整过的流程则是一个人不断拣出商品，一直到下一个流程有空来接手工作后才再回过头去接手上一个流程的工作。为了提高这一工作链的整体效率，他们把速度最快的员工放在最末端，速度最慢的员工放在最前端，运用蚁群效应，工作效率比以前提高了30%。

在团队工作的情景中要保持较高的工作效率，最关键的是要解决工作链上的脱节和延迟问题，不同岗位之间的替补与支持，正是解决这一问题的有效方式。

作为管理者应该明白，良好的团队分工合作是提高组织效率的重要保障。团队战斗力、凝聚力的增强和竞争力的提高，是组织和个人互动的结果，团队精神也是组织和个人共同努力的体现。

因此，团队的凝聚力来自员工的凝聚力，来自员工对组织目标和组织文化的认同感和专注度，也来自员工对事业的忠诚度。

构建优秀的团队需要注意以下几点。

首先，优秀的团队需要发挥团队协作能力，必须充分调动团队中个人的积极性、主动性和创造性。员工的有序分工与良好合作，能使团队整体的协同能力，得到最大限度的发挥。

其次，优秀的团队需要强有力的领导者，才能把分力转化为合力，才能贯彻和执行团队目标，使团队成员保持对外的灵敏度，并迅速做出反应，同时也使团队成员更加团结。

再次，优秀的团队需要有统一、明确的组织目标。

最后，优秀的团队必须具有良好的组织文化，只有让员工对组织文化和组织愿景有极大的认同感，才能让员工主动参与到组织中来，团队成员的努力才能得到协调和整合。

017 管理者破解难题
须看清难题的关键所在

当管理者遇到难题时，首先要把难题清清楚楚地写出来，难题便已经解决了一半。只有先认清难题，才能更好地解决难题。

谁都会遇到难题，人如此，公司也是如此。在瞬息万变的环境下，怎样才能最有效地解决难题，并没有一个固定的方法。

遇到难题，不管你要怎样解决它，其前提是看清难题的关键在哪里。找到了难题的关键，也就找到了解决难题的方法，剩下的就是如何具体解决了。

20世纪80年代初期，美国大陆航空公司（以下简称大陆航空）从得克萨斯州到纽约市的机票价格一度降到了49美元。此后的10年，公司的业绩持续下滑，年年亏损。到1995年，公司18%的飞行航线都是负债经营的。

大陆航空想了很多解决的办法，但都以失败告终。为扭转这种不利局面，公司新任总裁戈登果断地停飞了这些负债飞行的航线。为找到解决问题的办法，他仔细地分析了问题的关键所在。

戈登想到，低价出售机票，这一策略并不能使大陆航空的现状发生转变，更无法使大陆航空成为出类拔萃的航空公司。

事实上，这样做的结果适得其反，人们根本不想买大陆航空提供的产品。因为大陆航空想以增加座位的方式和每天多次往返于城市之间的方法，来保持机票的低价格出售。但事实证明，这些城市并没有这么大的需求，大陆航空只能亏损。

了解到这些，戈登迅速把飞行航线改为人们想去的地方。过去大陆航空每天通常有6次航班往返于格林斯伯勒市和格林费尔市之间。

这些城市并不需要往返数次的班机，然而大陆航空的飞机却频繁地飞向那里。戈登立刻削减了一些不必要的航班，为公司节省了一大笔不必要的成本。

戈登深入调查后发现，尽管大陆航空在格林斯伯勒至格林费尔的航线上占据了高达 90% 的市场份额，然而公司却仍然处于亏损状态。他进一步调查发现，大陆航空从罗利飞往堪萨斯城、奥兰多或辛辛那提的航班安排存在明显的不合理性，这给乘客前往其他重要城市带来了极大不便。然而，戈登认为，若大陆航空能够开通飞往纽瓦克的航线，这将极大地提升其市场份额，并支持公司进一步开通更便捷且更受欢迎的飞往克利夫兰和休斯敦的航线。这样的航线调整不仅符合市场需求，也必将受到乘客的热烈欢迎。

想清楚了这些，戈登立即行动，减少了一些不合理的航线，并开通了一些具有连锁效应的新航线。事实证明，大陆航空的班次虽然减少了，但赚的钱却大幅增多，而且即使将价格适当调高，也并不影响公司的盈利。

戈登通过提出问题、分析问题、解决问题的一系列行动，使大陆航空很快扭亏为盈，成为一家颇有竞争力的航空公司。

由此可见，作为管理者，要想解决问题，必须清楚地了解问题出在哪里。看到了难题的关键所在，也就找到了解决难题的办法。所以，遇到难题后首要的就是进行分析，只有这样，在解决难题时才会得心应手，事半功倍。

018 管理者要避免时钟效应

当一个人有一块表时，可以知道现在是几点钟，当他同时拥有两块表时，却无法准确地判定时间。两块手表并不能告诉一个人更准确的时间，反而会让人失去对准确时间的信心，就会造成"时钟效应"。

有一个关于管理的寓言故事：森林里生活着一群猴子，每天太阳升起的时候它们外出觅食，太阳落山的时候回去休息，日子过得平淡而幸福。

有一天，一名游客穿越森林，把手表落在了树下的岩石上，被猴子"可可"捡到了。聪明的"可可"很快就弄清楚了手表的用途，于是"可可"成了整个猴群的明星，每只猴子都向"可可"请教确切的时间，整个猴群的作息时间也由"可可"来规划。"可可"逐渐建立起威望，当上了猴王。

做了猴王的"可可"认为是手表给自己带来了好运，于是它每天在森林里巡查，希望能够捡到更多的手表。功夫不负有心人，"可可"又拥有了第二块、第三块手表。

但"可可"却有了新的麻烦：每块表的时间指示不尽相同，哪一个才是确切的时间呢？"可可"被这个问题难住了。每当下属来问时间时，"可可"支支吾吾回答不上来，整个猴群的作息时间也因此变得混乱。

过了一段时间，猴子们起来造反，把"可可"推下了猴王的宝座，"可可"的手表也被新任猴王据为己有。但很快，新任猴王同样面临着"可可"的困惑。

这就是著名的"手表定律"：只有一块手表，可以知道时间；拥有两块或更多的手表，却无法确定时间。更多手表并不能告诉人们更准确的时间，反而会让看表的人失去对准确时间的信心，造成"时钟效应"。

企业管理如果出现了"时钟效应"，就会出现无序状态，员工产生抱怨情绪，影响企业正常运转。

对同一个人或同一个组织的管理不能同时采用两种不同的方法，不能同时设置两个不同的目标，甚至同一个人不能由两个人同时指挥，否则会使这个人或这个组织无所适从。"时钟效应"的另一层含义是每个人不能同时挑选两种不同的价值观，否则，行为将陷于混乱，主要体现在以下三方面。

一是目标、文化、价值观不统一，造成人与人之间、团队与团队之间缺乏默契，不能形成合力，整体效能差。

二是多头指挥。完成同一项工作任务，不同的管理者要求的标准不一样，会让执行者无所适从。

三是制度打架。开启同样的运转设备未发出信号，A制度和B制度分别处罚200元、50元，这会让执行制度者犯难，究竟执行A制度，还是B制度，如果对不同的人执行不同的制度，就会失去公平。

为避免"时钟效应"，企业应从以下几方面着手解决。

首先，管理者要具有战略思维，在充分调研、集思广益的基础上，制定切合自身实际的目标，培育和弘扬先进的文化来凝聚员工，加强教育感化，培养员工认同的共同价值观，构建企业与员工休戚相关的命运共同体。

其次，班子成员之间、部门与部门之间要顾全大局、加强沟通、信息共享，落实牵头负责制，向基层和实施者发出一致指令，便于执行和操作。

最后，各系统、各部门出台制度之前，应多交流，制定的考核标准、尺度必须统一，才能消除基层和实施者的迷茫感，减少折腾，降低成本，也有利于提高工作效率。

019 管理有后台、爱告密、爱拖延的下属的策略

先来探讨，如何管理有后台的下属。

社会是一个错综复杂的关系网，作为网络中的一颗纽扣，每个人都逃脱不掉这个大的关系网，在一个企业里，管理者手下时常会有一些有后台的下属。面对有后台的下属，有的管理者感到束手无策，担心一不小心招惹了麻烦。

如果这样的下属是一个能力强的人，则可以重用他们，如果有机会也可以提拔他们，这些有能力、有后台的下属晋升的机会很多，很可能有朝一日成为你的上司，所以对这样的人要保持客气，给彼此留下良好的印象。

如果有后台的下属是个能力普通的人，但是他们确实勤勤恳恳地完成工作，那么作为管理者只需让他们安心工作就可以了。

如果有后台的下属既没有能力，又趾高气扬，不把管理者放在眼里，那么作为管理者，应该尽量与对方保持距离，敬而远之，如果对方做出过分的事情来，那么也没有必要对下属客气了，毕竟你是领导，领导的威信力还是要有的。

再来探讨，如何管理爱告密的下属。

在现实生活中，总是有一些喜欢向领导告密的下属，对于这样的下属，作为管理者一定要慎重对待，因为这样的下属无论说什么都喜欢夸大其词、小题大做，所以他们所说的话，管理者一定要有选择地去听，听完后也要将真实性打个折扣。

工作中有一些管理者偏爱这种人，还把他们当成自己必不可少的得力助手，甚至作为公司的中流砥柱，但是作为管理者却很难意识到自己对下属的了解，都是通过这些爱告密的人传达的，这中间很可能加入了他们个人的主观见解。所以，了解到的下属的情况未必是真实的。

这会造成下属和管理者之间有了一道鸿沟，他们会认为领导不重视他们的意见，而是喜欢听那些爱告密的下属的话。

精明的管理者对于这样的下属是有保留地任用，管理者可通过他们对其他下属起到监督的作用，但是更要注重亲自向下属了解情况，这样就可以全面地了解整个部门或企业的情况了。

最后探讨如何管理爱拖延的下属。

很多管理者都有这样的经历，对某些下属的工作安排已经很明确了，告诉下属什么时候该完成哪些工作，但是他们依然不能及时地完成，即便是催促了很多次，也没有什么效果，拖延的情况没有得到任何改善，那么，原因到底在哪里呢？

管理者最常犯的错误就是把表面的行为举止视为问题所在，事实上外在的行为反映了内心的焦虑或者恐惧，作为管理者如果没有深入了解下属的内心，不去解决心理层面的问题，而是不断地去纠正他们的行为，反而会适得其反，问题会变得更为严重。

面对这种下属，最好的方式就是让他们直接面对混乱或不确定的恐惧，可以试着让他们担任在你掌控范围之内的某个项目的负责人，学习如何为别人承担责任，让他们能顾虑到别人的需求，如何接受不在预期范围内来自其他人的要求，让他们的工作变得更有弹性。

还有一个方法就是，作为管理者可以鼓励下属在完成工作之前，尽量找其他同事讨论，或是随时随地做进度报告，请主管或相关领导给予一定的点评和改进建议。

这样做有两个目的，一是频繁的讨论，让下属学会倾听别人的意见，避免产生抗拒的心理。二是当出现问题时也可以让下属及早做出调整，以免等到最后完成时，结果发现不符合管理者的要求，这样反而会让下属的挫败感更强，面对习惯拖延的下属最好的方式就是消除他们担心做不好的恐惧。

作为管理者应该事先沟通，告诉下属准时完成工作的重要性，并提醒下属哪些地方因为时间的关系而无法做到最好，可以事后再调整，这样的做法可以减轻下属的心理负担，时间运用不当，其实只是表面的症状，而非真正的问题所在。

事实上在面对下属的任何问题时，作为管理者都不应该只看外在的行为，而是应该深入了解下属心理层面的因素，才能对症下药，解决问题。

020 有本事的管理者和没本事的管理者

在职场中，每个人都渴望能够在自己的岗位上一展身手，实现自己的价值与梦想。然而，能否如愿以偿，除了自身的拼搏与努力外，跟随的管理者起着至关重要的作用。一个卓越的管理者，宛如慧眼识珠的伯乐，能够发现千里马并激发出他的无限潜力，让其驰骋职场；而跟随一个无能的管理者，纵使你有满身才华，也难以施展拳脚。

那么，有本事的管理者与没本事的管理者究竟有着怎样天差地别的差异呢？

对待员工方面，有本事的管理者精心培养人，没本事的管理者肆意祸害人。

有本事的管理者，他们目光长远，深知团队的力量是无穷的。他们用心培养下属，倾囊相授，致力于让下属能够独当一面。因为他们明白，众人拾柴火焰高，下属的成长不仅能为团队带来更多的创造力，也能让自己在公司的地位更加稳固。而那些没本事的管理者，内心却充满了恐惧与狭隘。他们害怕下属的能力超越自己，于是不择手段地打压优秀员工，将那些原本思维敏捷、充满创新精神的员工埋没在尘埃之中，使员工变得僵化、麻木。

在工作感受方面，跟着有本事的管理者与没本事的管理者也是截然不同的。

倘若你有幸跟随一位有本事的管理者，那你太幸运了。他们如同明灯，指引着你前进的方向。他们会传授你实用的工作方法，为你全力争取资源，为你营造一个舒适、和谐的工作环境。在这样的氛围中，你的内心会充满轻松与愉悦，工作起来自然是动力满满。然而，若是不幸遇上没本事的管理者，那可真是噩梦。干活时看他的脸色行事，一旦公司部门之间产生矛盾，他却胆小如鼠，毫无作为。在这样的环境下，你想要的资源都要自己去争取，真可谓是满腹辛酸泪。

情绪管理也是区分有本事的管理者与没本事的管理者的重要标志之一。

有本事的管理者能够有效地控制自己的情绪，待人总是和蔼可亲，给人如沐春风之感。然而，当遇到原则性问题需要发怒时，他们也能做到有理有据，让人心服口服，其身上散发着一种无形的强大气场。相反，那些没本事的管理者，就像一点就着的爆竹，任何一点小事都能成为他们与员工争吵的导火索。员工们从心底里对他们不服气，整个部门也因此死气沉沉，毫无生机与活力，让人心情压抑。

换位思考的能力也是衡量管理者水平的关键要素。

有本事的管理者注重员工的个人感受，他们做事周全，从不轻易让员工陷入尴尬或失去面子。他们在做决策时会充分考虑员工的立场，让员工心甘情愿地追随。而没本事的管理者，眼中只有自己的面子和利益，完全不顾及员工的感受。长此以往，员工即便有心做好工作，也只是敷衍了事，工作质量和效率可想而知。

在工作安排上，有本事的管理者与没本事的管理者也有着明显的差异。

有本事的管理者在安排工作时，犹如一位出色的指挥家，他们有着一套科学合理的方法。人员搭配恰到好处，将性格脾气相近的员工安排在一起，让工作氛围和谐融洽。而没本事的管理者，完全不顾员工之间的磨合与协作，只关心自己的任务指标，将有矛盾的员工安排在一起工作，让员工苦不堪言，身心俱疲。

除了上述这些区别，还有一个至关重要的方面，那就是管理者对待错误的态度。

管理者应当勇于承认自己的错误，只有这样，下属才会敢于指出管理者的不足之处，企业才会避免在战略决策时犯下重大失误。对于那些从小到大逐步发展起来的企业而言，所面临的挑战尤为巨大。

在工作中，我们常常看到"老板生病，员工吃药"的怪象。过度甚至盲目自信的管理者，通常不愿意承认自己的不足，一旦出现问题，总是从别人身上找原因。这种做法不但提升了管理者决策错误的风险，更阻碍了企业内部负面消息的及时上报，严重时甚至会危及企业的生存。

勇于承认自己的错误，对于管理者来说意义非凡。因为对于一个不敢在下属面前承认错误的管理者，没有人会愿意指出他的过错，从而使他失去了改进的机会。管理者勇于承认错误，有助于在企业中营造出勇于尝试的工作氛围。正如那句俗语所说：聪明人从错误中学习，更聪明的人从别人的错误中学习。

总之，员工追随一位有本事的管理者，就如同登上了一艘驶向成功的快艇；而跟随一位没本事的管理者，则仿佛陷入了一片泥泞的沼泽，难以自拔。

021 管理中的忌讳

领导力是艺术，不是科学。管理既是科学又是艺术。为什么呢？

因为管理是可以流程化、标准化的，在管理流程和物的过程中，可以找出普遍适用的真理，但管理的另外一部分是领导力，这一部分主要管的是人。

人既是理性的，更是非理性的。如果领导者用一种模式管理不同的人，那么面临的挑战是巨大的，领导者在管理的过程中只使用一种思想、一种模式去管所有的人，可能会出大问题。

领导力的第一条理念就是身体力行，指的是领导者要亲身体验，努力实践。我们提倡领导者身体力行。

领导者的主要任务在于决策。而正确的决策来自对本部门、本单位各种情况的充分了解及掌握。身体力行的过程，便是了解掌握情况的过程。

领导者身体力行，一方面有利于密切上下级联系，调动下属工作的积极性、主动性和创造性；另一方面有利于了解掌握各种情况，从而制订出正确的决策。

身体力行的过程同时也是"实践、认识、再实践、再认识"的过程。领导者通过亲身体验，了解情况后，制订出决策。而后领导者又回到实践中去，参与并指导实践，在实践中检验、修正、完善自己的决策，以保证决策的可行性和有效性。

另外，作为领导者一定要明白的一个道理就是，身体力行不等于事必躬亲。

身体力行者参与事务，又不埋头于事务。参与事务是为了了解事务，指导事务。与"身体力行"不同的是"事必躬亲"。在工作中经常有这样的领导者，他们事无巨细，样样都自己亲自去做。

从表面上看，事必躬亲者办事认真，毫不懈怠。其实，一个人的精力是有限的。作为领导者，所要做的事千头万绪。如果样样都管，就不可能有足够的时间和精力来抓主要工作，这对领导者来说，是一种失职。

领导者事必躬亲，其实是对下属不信任的一种表现。有些事，往往是领导者的"不放心"而导致下属的积极性、主动性和创造性不能得到充分的发挥。领导者事必躬亲，沉湎于繁杂的事务，一年到头辛辛苦苦，其结果可能是自我削弱了领导工作效能。

所以，作为领导者，一定是要身体力行，但绝不能事必躬亲。

022 亲情化管理模式的兴衰

在现代企业管理中,亲情化管理模式具有独特的特点和作用机制。这种模式主要依托于家族血缘关系中的内聚功能,以此来实现对企业的有效管理。

从企业发展的脉络来看,在企业的创业阶段,亲情化管理模式的确发挥过积极作用。在创业初期,资源匮乏、市场不稳定、风险巨大,此时家族成员之间基于血缘关系所形成的信任、忠诚和高度的凝聚力,成为企业发展的强大动力。家族成员往往能够不计个人得失,为了共同的目标而全力以赴,这种内聚功能使得企业能够在艰难的环境中生存下来并逐步发展。

然而,当企业发展到一定规模,尤其是成长为大型企业时,亲情化管理模式的弊端便逐渐暴露出来。这种模式所依赖的家族血缘关系中的内聚功能,会在特定条件下转化为内耗功能。随着企业规模的扩大,管理的复杂性增加,单纯依靠血缘关系来进行决策和资源分配,容易导致不公平、不公正的现象出现。家族成员之间可能因为利益分配不均、权力争夺等问题产生矛盾和冲突,进而影响企业的正常运营和发展。

从现代管理学的角度来看,企业的发展需要建立在科学、规范、公平的管理基础之上。亲情化管理模式虽然在特定时期能够发挥作用,但它无法适应企业规模化、多元化和国际化发展的需求。为了实现企业的可持续发展,应当适时引入更为先进和适用的管理模式,如制度化管理、专业化管理、人性化管理等。

制度化管理能够为企业提供明确的规则和流程,确保决策的公正性和透明度;专业化管理能够吸引和留住行业内的优秀人才,提升企业的核心竞争力;人性化管理则关注员工的需求和发展,激发员工的积极性和创造力。

总之,亲情化管理模式有其特定的历史价值和适用阶段,但随着企业的发展壮大,必须不断对管理模式进行创新和优化,以适应日益复杂多变的市场环境和竞争挑战。

023 温情化管理模式

温情化管理模式强调的是管理应该更多地调动人性的内在作用，只有这样，才能使企业快速地发展。在企业中强调人情味是对的，但是不能把强调人情味作为企业管理制度的最主要原则。

人情味原则与企业管理原则是不同范畴的原则，过度强调人情味，不仅不利于企业发展，而且企业最后往往走向失控，甚至走向破产。

有人总是喜欢在企业管理中讲温情、讲良心，认为一个人作为企业管理者，如果能够充分考虑员工的需求和感受，那么员工必然会努力工作，这样企业就会更好地发展。

温情化管理模式实际上是想使用情义中的良心原则，来处理企业中的管理关系。在经济利益关系中，所谓的良心是很难界定的。

良心用经济学的理论来讲，实际上就是一种伦理化的并以人情味为形式的，体现经济利益的规范化回报方式。因此，如果笼统地讲良心、讲人性，不触及利益关系，不谈利益的互利，实际上是很难让员工认真工作的，最终企业也会倒闭。

管理并非仅局限于温情脉脉的关怀，其核心在于对利益关系的清晰界定。有些人天生具有温情特质，在处理利益关系时可能显得过于心软。然而，在企业管理领域，利益关系的界定必须"公正且坚定"，因为缺乏决断和坚定往往会带来不良后果。

只有那些在面对各种利益关系时能够"毫不妥协"的人，特别是在处理利益冲突时能够"果断决策"的人，才具备成为管理者的潜质。例如，当面临员工下岗的情境，若管理者因心软而违背原则，因同情下岗者并无依据地让其重新上岗，那么这位管理者很可能无法胜任管理者的角色。因为这样的行为不仅违背了管理的核心原则，也可能损害了企业的整体利益。

024 制度化管理模式

在当今竞争激烈的市场环境中，企业的成功不仅依赖于创新的技术和优质的产品，更依赖于高效的管理。而制度化管理模式，作为一种基于明确规则的管理模式，已经成为现代企业管理的重要基石。

制度化管理模式，顾名思义，是指企业在运营过程中，遵循一套既定的、得到广泛认可的、具有契约性质的规则体系。这些规则明确了企业内部各部门的职责、权力和利益，保证了企业的正常运转。同时，制度化管理模式的责权利对称原则，使企业内部的资源分配更加合理，激发了员工的工作积极性和创造力。

然而，正如任何事物都有其两面性一样，制度化管理模式也存在一定的局限性。由于其过于强调规则和制度的刚性，有时可能忽略了人的情感需求和能动性。在这种情况下，如果完全依赖于制度化管理，可能会导致企业内部的人际关系变得紧张，甚至引发员工的抵触情绪。

因此，未来企业的管理模式应该是以制度化管理模式为基础，同时吸收和借鉴其他管理模式的优点。比如，在制度化管理的基础上，适当引入亲情、友情和温情等人际关系因素，以增强企业内部的凝聚力和向心力。这样，既可以保持制度的严肃性和公正性，又可以兼顾员工的情感需求，实现企业的和谐发展。

此外，对于企业管理中的矛盾和利益关系，也可以采取一些随机性的处理方式。在遵守基本制度的前提下，对某些特殊情况或突发事件，可以根据具体情况进行灵活处理。这样既可以避免制度的僵化，又可以更好地解决实际问题。

总之，制度化管理模式是现代企业管理的重要组成部分，它为企业提供了明确的管理规则和制度保障。在实际应用中，管理者也需要根据企业的实际情况和员工的情感需求，适当地进行调整和优化。只有这样，才能真正实现企业的可持续发展和员工的全面成长。这也是中国企业这十几年来在企业管理模式选择方面得出的共识性结论。

025 合伙做生意不得不知的陷阱

在合伙创业的浪潮中，虽然携手共进是普遍共识，但一些企业家却利用合伙机制谋求私利，悄无声息地完成了个人崛起。这些行为虽不可取，但了解合伙做生意中的陷阱对于防范风险至关重要。

合伙做生意常见的陷阱有三种。

第一种：压制盘玩法。

这类人通过精心设计的诱饵吸引合伙人，一旦合作步入正轨，便利用对方不熟悉业务的弱点，伪造亏损假象，将合伙投资转变为无息长期借款，进而将公司据为己有。待合伙人退出后，公司迅速扭亏为盈。

常用的陷阱：引诱合伙、报亏压制盘。

第二种：掏空战略。

当企业运营良好，无法轻易进行压制盘时，这类人会利用自己的合伙人身份和信息优势，通过恐吓等手段迫使合伙人退出，实现利益转移和资本积累。

常用的陷阱：共同投资、关联交易。

第三种：内斗打法。

没有掏空的机会，就采用内斗打法。随着企业规模的扩大，合伙人之间在理念和管理上难免产生分歧，这类人会提前布局，控制企业命脉，利用内斗达到自己的目的。

常用的陷阱：提前布局、控制命脉。

026 初创公司 多做减法、少谈管理

人工智能引领的新时代，在全民创业的浪潮中，初创公司如雨后春笋般涌现，然而，这些新生力量如何在激烈的市场竞争中站稳脚跟，却是一个值得深思的问题。不少初创公司的管理者都会遇到管理上的困惑，其实对于初创公司而言，多做减法、少谈管理，是其初期发展的关键。

从管理学的角度来看，一个人的有效沟通范围是有限的。据研究，一个人的有效沟通通常不会超过六个人。当团队规模超过六个人时，沟通效率就会大幅下降，信息传达容易出现偏差，甚至导致团队内部的混乱。因此，对于初创公司来说，最重要的任务并不是建立完善的管理体系，而是精简组织，聚焦核心业务。

那么，如何在组织上做减法呢？给初创公司提供三个建议。

首先，要找到尽可能少的人。

初创公司资源有限，必须根据自身的经营战略，寻找对口的人才。这些人应该具备与公司业务高度相关的技能和经验，能够迅速融入团队，为公司创造价值。同时，要避免招聘过多的人员，以免增加成本和管理难度。

其次，要能找到最优秀的人才。

初创公司面临着重重挑战和激烈的市场竞争，而拥有一支卓越的人才队伍，无疑是初创公司在市场中崭露头角的制胜法宝。在招聘过程中初创公司绝不能降低招聘标准，去选择那些能力平平的候选人。相反，初创公司的管理者应当运用减法思维，精准定位并吸引真正具备卓越能力和潜力的精英。这样的团队，将拥有不容小觑的凝聚力和战斗力，助力初创公司在激烈的市场竞争中脱颖而出。

最后，要找能自我驱动的人。

初创公司的工作强度大、压力大，需要员工具备高度的自我驱动力和责任心。这样的员工能够积极主动地完成工作任务，为公司创造价值，而不需要过多的管理和监督。因此，在招聘时，管理者应该注重考查候选人的自我

驱动力和责任心，选择那些能够与公司共同成长、共同发展的优秀人才。

总之，对于初创公司来说，多做减法、少谈管理是其初期发展的关键。管理者应该精简组织、聚焦核心业务、寻找最优秀的人才，并培养员工的自我驱动力和责任心。只有这样，初创公司才能在激烈的市场竞争中立于不败之地。

027 中层管理者与上级的相处之道、做事的格局

在企业管理结构中，中层管理者扮演着承上启下的关键角色。他们不仅需要有效管理下属，确保团队高效运作，还需与上级保持良好的沟通和合作关系，确保公司战略目标的顺利实现。下面将详细阐述中层管理者与上级的相处之道，以及他们在工作中应展现的格局。

一、与上级的相处之道

相处之道一：薪酬与价值的等量交换。

对于中层管理者来说，薪酬是体现其价值和努力程度的重要指标。相较于股权上的承诺，薪酬更加实际和可靠。因此，在与上级讨论薪酬问题时，应坚持薪酬与价值付出等量交换的原则，确保自己的付出得到应有的回报。

相处之道二：积极回应上级的想法。

当上级提出新的想法或建议时，中层管理者应积极回应，展现自己的理解和支持。然而，在行动之前，需要仔细思考并评估这些想法的可行性和风险性，确保团队能够顺利执行并达到预期目标。

相处之道三：多了解上级的想法和思维方式。

中层管理者应多与上级沟通，了解他们的想法和思维方式。这有助于确保团队的工作方向与公司的战略目标保持一致，同时也能让上级更加信任和支持自己的工作。

二、做事的格局

格局一：按流程按制度做事。

中层管理者应严格按照公司的流程和制度去工作，确保团队的稳定性和规范性。这有助于减少工作中的失误和纠纷，提高团队的整体效率。

格局二：善于发现别人的优点。

作为中层管理者,应善于发现团队成员的优点,并合理利用这些优点来推动团队的发展。同时,也需要做好利弊平衡和取舍划分,确保团队的整体利益最优化。

格局三:在混乱中保持冷静。

当团队面临混乱和困境时,中层管理者应保持冷静和镇定,观察和分析问题的本质。通过制订合理的解决方案和措施,带领团队走出困境并实现目标。

格局四:设置防火墙。

为了避免与基层员工直接发生矛盾和冲突,中层管理者可以设置防火墙,即找替代者来处理与基层员工的沟通和协调工作。这样既能保护自己的形象和权威,又能确保团队的和谐稳定。

格局五:热情礼貌但谨慎表态。

在与上级和同事沟通时,中层管理者应保持热情礼貌的态度,但要谨慎表态。不要轻易做出承诺或决策,以免给自己和团队带来麻烦和风险。

格局六:寡言重诺。

中层管理者应少说空话和废话,注重实际行动。同时,也要言出必行、说到做到,树立自己的权威。

格局七:持续精进。

作为中层管理者,应不断学习和提升自己的能力和素质,以适应不断变化的市场环境和工作环境。同时,也要关注团队成员的成长和发展,培养他们的能力。

总之,中层管理者在与上级相处和工作中应展现出自己的专业能力,做事要有格局,为公司和团队的发展贡献自己的力量。

028 领导者应具备的资质

明朝著名文学家、思想家吕坤曾将领导者的资质划分为三个等级：深沉厚重、磊落豪雄、聪明才辩。其中，深沉厚重被视为第一等资质，它代表着领导者内心世界的深厚和宽广，能够包容万物，洞悉人心。实业家稻盛和夫先生也提到，人们常常倾向于选择那些聪明才智、具备战略思维的人才作为领导者，他们确实可以胜任各种职务，但仅仅依靠聪明才智来领导整个集团是远远不够的。领导者还需要有勇气和胆识，这样的领导者拥有二等资质。然而，真正的领导者，应当是人格高尚、勇气充沛、能力卓越三者兼具者。

领导者的使命和目标至关重要。一位优秀的领导者需基于企业的使命来制订愿景和目标。这个使命不仅关乎企业的生存和发展，更是要为社会解决问题。企业是社会的一部分，只有真正为社会创造价值，才能赢得社会的认可和支持。因此，领导者需要时刻牢记自己的使命，确保企业的行动与使命保持一致。

领导者的身体素质是不容忽视的。领导工作往往需要面对巨大的压力和挑战，因此领导者需要拥有一个健康的身体来应对高强度的工作。一位身体虚弱的领导者很难在关键时刻做出正确的决策和行动。

领导者需要具备影响员工的能力。领导者的影响力并非简单的命令和控制，而是要通过自己的理念和行动来影响员工的思想和行为。领导者需要将自己的理念深深植入员工的大脑，让他们成为自己理念的执行者和传播者。这样，整支团队才能形成强大的凝聚力和向心力。

领导者的思想境界是决定其成败的关键因素。一位优秀的领导者需要具备崇高的思想境界、利他之心和谦逊之心。这样的领导者不会为了自己的利益而损害他人的利益，也不会因为自己的成就而骄傲自满。他们始终保持着谦逊和学习的态度，不断提高自己的能力和境界。这样的领导者才能赢得员工的尊重和信任，才能带领企业走向更加辉煌的未来。

综上所述，领导者应具备的资质不是能力，而是人格、勇气、身体素质、影响力和思想境界。只有具备了这些资质，领导者才能真正地肩负起自己的责任和使命，带领企业走向成功。

029 管理者如何降服不好管的"刺头"

在漫长而曲折的管理道路上，不少管理者见证过团队的多次变革与成长。其中，一个深刻的体会就是：那些表面上乖巧听话的团队成员，往往缺乏足够的决断力和创新能力，而真正有能力、有抱负的"刺头"，却常常令管理者头痛不已。那么，作为管理者，该如何有效地降服"刺头"，使其转化为团队的中坚力量呢？以下是五点总结。

一、先威后恩，树立权威

在管理初期，管理者必须先建立起自己的权威。没有规矩不成方圆，只有在规则明确、纪律严明的情况下，团队才能有序运转。因此，对于那些敢于挑战权威、不服从管理的"刺头"，管理者必须果断做出决策，以儆效尤。正如《孙子兵法》所言："杀一人可震万军，杀之；奖一人可悦万军，奖之。"通过严厉打击最大的"刺头"，管理者可以迅速地树立起自己在团队中的权威，为后续的管理工作铺平道路。

在立威之后，管理者要适时地施恩于众。这里的"恩"并不是无原则地讨好和纵容，而是在规则允许的范围内，给予团队成员足够的信任和支持。当他们感受到管理者的公正和关怀，自然会心悦诚服地接受管理。

二、拆分势力，避免权力集中

一支健康的团队应该是权力分散、互相制衡的。因此，管理者必须时刻警惕权力集中的风险。对于那些在某一职位上长期任职、形成自己小圈子的"刺头"，管理者要及时采取措施进行调动或拆分。

三、大智若愚，让下属发挥

一位优秀的管理者应该懂得如何"装傻"。这并不是真的傻，而是一种智慧的表现。管理者通过多问问题，可以让下属更多地参与到决策和执行的过程中来，激发他们的创造力和积极性。同时，管理者也可以借此机会观察下属的能力和表现，为后续的提拔和任用提供依据。

四、保持神秘，保持距离

管理者应当保持恰当的职业边界，既要避免过度暴露个人特质，又要维系必要的管理权威。这种平衡体现在：

(1) 保持适度距离。避免因过度亲密导致管理权威弱化，确保决策客观性。

(2) 维护专业形象。不轻易展示个人短板，保持专业判断的公信力。

(3) 建立支持机制。在保持职业距离的同时，提供必要的指导与资源支持。

这种管理方式既能巩固组织层级关系，又能促进团队效能提升。

五、引入竞争，激发动力

竞争是团队进步的动力源泉。因此，管理者应该学会利用竞争来激发团队成员的积极性和创造力。管理者通过设立明确的奖励和惩罚机制，可以让团队成员明确自己的目标和责任。同时，管理者还可以定期引进优秀的新员工加入团队，这样不仅可以为团队注入新的活力，还可以让老员工感受到压力和挑战，从而更加努力地工作。当然，在引入竞争的过程中，管理者也要注意平衡好新老员工之间的关系和利益分配问题，避免出现严重的内耗和冲突。

030 管理者提升管理效能的十种境界

在复杂多变的管理环境中,管理者不仅需要具备卓越的领导才能,还需要提升自己的管理效能。下面将详细探讨管理者提升管理效能的十种境界。

第一境界:明智选择,避免风险。

在没有足够的人脉和资源支持时,明智的管理者不会轻易选择成为负主要责任的领导。他们明白,没有强大的后盾支持,很难在关键时刻做出有效的决策和应对。

第二境界:公正分配,避免异议。

分配工作时,管理者会确保过程公开透明。这样做不仅能让员工心服口服地接受任务,还能避免员工之间因分配不公而产生矛盾。

第三境界:审慎处理告状。

当有人告状时,管理者不会立即做出判断,而是先了解告状人的情况和告状的问题。这样做既能避免冤枉好人,又能防止恶意诽谤。

第四境界:避免介入矛盾。

下属之间的矛盾是难免的,但管理者需要学会避免直接介入下属之间的矛盾。

第五境界:以身作则,树立威信。

对于新管理者来说,树立威信的最好方式就是以身作则。而对于资深管理者来说,当下属不听指挥时,他们会用规章制度来惩罚他们,维护自己的权威。

第六境界:合理批评,依规行事。

在公开场合批评下属时,管理者会先引用规章制度作为依据。这样做不仅能让批评更有说服力,还能避免下属产生抵触情绪。

第七境界：保持威严，尊重下属。

在工作场合，管理者会保持威严，以维护自己的权威和形象。但在非工作场合，他们会给予下属应有的尊重，以增进彼此之间的情感联系。

第八境界：宽严相济，公正执法。

当下属第一次犯错时，管理者通常会给予警告而不是罚款。但当下属第二次犯同样的错误时，他们会毫不犹豫地严惩不贷。这种宽严相济的管理方式既能体现人性化管理，又能维护制度的严肃性。

第九境界：一视同仁，因材施教。

在管理下属时，管理者应做到一视同仁，同时应根据每个下属的特点和能力进行有针对性的培养。这种管理方式既能让下属感受到公平，又能激发他们的潜能。

第十境界：熟练掌握规章制度，灵活运用管理职权。

作为管理者，精通规章制度是基础要求。然而，卓越的管理者则能够将这些规章制度融入日常管理中，并灵活运用，以此驾驭团队、约束员工行为。卓越的管理者并非简单地以权压人，而是通过精准地识别和处理违规行为，特别是针对那些不遵守纪律的员工，来展现自己的权威和领导力。

031 领导者分配工作任务的四大策略

在任何一个组织或团队中,权力的运用离不开对工作任务的精心安排与分配。这不仅是对资源的合理配置,更是对员工能力的精准评估与运用。作为领导者,如何通过分配工作任务来实现管理目标,既是一门艺术,也是一门科学。下面将深入地剖析领导者分配任务的四大策略,以揭示其背后的智慧。

一、新人试炼:日常琐事的安排

对于新人来说,他们如同一张白纸,缺乏经验和技能。因此,领导者往往会将一些日常事务安排给他们去做。这样做不仅可以让新人逐渐熟悉工作环境和流程,还能通过他们的表现来考查其品质和能力,为日后的任用奠定基础。同时,这种安排也能让新人感受到组织的重视和信任,从而更快地融入团队。

二、历练与提拔:出成绩的任务

当领导者有意提拔某个人时,往往会将一些重要任务安排给他。这样的任务不仅能历练其能力,还能让他在完成任务的过程中形成自己的团队,积累威望。对于被提拔者来说,这是一个难得的机遇,也是一次展示自己的舞台。通过努力完成任务,不仅能获得领导者的赏识和认可,还能为自己的职业生涯打下坚实的基础。

三、困难重重的任务

对于一些有潜力的成员,领导者往往会安排一些充满挑战的任务给他们,旨在通过观察他们在困难中的表现,发现潜在的不足,以便在适当时机提供指导或进行必要的调整。同时,当任务出现问题时,直接负责人往往需要承担相应的责任,这在某种程度上为领导者提供了一个机会,来评估团队成员的应对能力和责任感。

当然,领导者并非只关注负面结果。若这些成员能够克服重重困难,成功地完成任务,领导者同样会给予他们应有的赞赏和激励,这不仅是对他们能力的认可,更是对团队整体稳定性和凝聚力的维护。通过这种张弛有度的管理方式，能激发团队成员的潜力，提升整支团队的绩效。

四、一线监督与关键任务的把控

对于重要而又困难的任务，领导者往往会亲自监督或委派能力强的下属去执行。这样的安排主要是为了确保任务能够顺利完成并达到预期的效果。同时，领导者通过一线监督能够掌握关键任务的最新进展和动态，及时发现并解决问题。在关键时刻，领导者还能够亲自出马解决问题或调整策略以确保关键任务的顺利完成。这种安排不仅能体现领导者对关键任务的重视和关注，还能增强团队的凝聚力和战斗力。

作为管理者只有深入理解和掌握这些策略后，才能更好地实现管理目标并推动团队的持续发展。

032 好领导都会"装瞎""装聋""装傻"

在职场中，常常听到这样的说法："好领导都是装瞎、装聋、装傻的。"这句话背后蕴含的是领导者在管理团队时的智慧和策略。一位成功的领导者，不仅要有高瞻远瞩的视野和决策能力，还需要懂得如何在适当的时候"装瞎""装聋"和"装傻"，以达到最佳的团队管理和组织发展效果。

首先，"装瞎"并不是真的视而不见，而是指领导者在团队运作中要学会放权，给予下属足够的信任和自主空间。当下属在工作中出现失误或造成损失时，领导者不应立即插手干预，而是应按照既定的制度和规范进行处理。这样做的好处是，下属能够从中吸取教训，提高自我管理能力，同时也能够减轻领导者的工作负担，使其有更多的时间和精力去思考公司未来的战略方向。

其次，"装聋"并非真的充耳不闻，而是指领导者在面对小道消息和流言蜚语时，要有足够的定力和判断力。如果领导者过于关注这些琐碎的信息，不仅会分散自己的注意力，还会让团队陷入不必要的猜忌和纷争中。因此，领导者应学会忽略无关紧要的消息，专注于公司的核心业务和团队的发展。

最后，"装傻"则是一种更高的智慧。一位聪明的领导者会懂得在适当的时候表现出自己的"无知"和谦逊，以激发下属的积极性和创造力。当领导者装作什么都不会时，下属就会更加努力地工作，以证明自己的价值。同时，这种"无为而治"的方式也能让下属更加自主地思考和解决问题，从而促进团队的整体成长和发展。

"不聋不瞎不配当家。"这句话道出了领导者的管理智慧。一位成功的领导者不仅要具备高超的管理能力和决策能力，还要懂得在适当的时候"装瞎""装聋"和"装傻"。这种策略不仅能让领导者更好地掌控团队的发展方向，还能激发下属的积极性和创造力，促进团队的整体成长和发展。

因此，对于每一位渴望成为优秀领导者的人来说，学会"装瞎""装聋"和"装傻"是一门必修的课程。

033 领导者管理三十六计

作为领导者，管人是一件头疼的事，团队难管理是诸多企业在管理中都会遇到的问题，下面是一些领导者总结出的管理三十六计，希望对读者有所帮助。

第一计：良性竞争。

在团队内部引入合理的竞争，团队才能进步，领导者要灵活运用这一策略。

第二计：自罚立威。

曹操马踏麦田后，为了严明军纪，削发代首，以示三军，众人无不悚然动容，所以领导者要学会自罚立威。

第三计：徙木立信。

商鞅为了推行新法，立木于南门，承诺徙置北门者，赏金五十，所以，领导者要言而有信，不开空头支票。

第四计：律己束人。

领导者管理下属先从管理自己开始，曾国藩说过，"惟正己可以化人，惟尽己可以服人"。

第五计：制度如火。

前文讲过管理中的热炉法则，说的是，制度就是火炉，一旦碰触，必然烫手，所以作为领导者一定要维护制度的刚性。

第六计：开门见山。

作为领导者，与其让下属猜测你的管理风格，不如明明白白地告诉下属你的底线，这样下属就不敢轻易"捋虎须"。

第七计：赏罚分明。

做出成绩要赏，违反纪律要罚。

第八计：军令如山。

领导者布置工作一定要干脆果断，可以私下商量，但不容当众置疑，否则团队就没有执行力。

第九计：攻心为上。

管理人的核心就是管理人心。领导者要学会施恩，凝聚人心。

第十计：以德服人。

领导者想要得到下属的尊重与认可，那么做人做事就要以德服人。

第十一计：轻财聚人。

"财聚人散，财散人聚"。这是领导者管理中的重要原则，尤其是对那些格外关注财务分配的领导者而言。

第十二计：量宽得人。

李世民之所以有魏征这样的诤臣，是因为其胸怀宽广；齐桓公之所以能重用管仲，是因为其非凡的气量与包容。作为领导者，若缺乏博大的胸怀，恐怕难以成就一番宏伟事业。胸怀，是领导者成就伟业的基石。

第十三计：以身作则。

领导者以身作则，其行为本身就是一种无声的指令，而他们的榜样作用则是最大的权威。

第十四计：望梅止渴。

在行军途中，士兵口干舌燥，快要支撑不住时，曹操说，前面不远处就有一片梅林，立刻军心大振。领导者想激发员工的干劲，要学会这一计。

第十五计：学会倾听。

遭遇下属不满时，作为领导者要仔细倾听，不可激化矛盾。

第十六计：搭台唱戏。

作为领导者要学会"搭台"，鼓励下属"唱戏"，不用事必躬亲，要多给下属表现的机会。

第十七计：洞若观火。

管理者应在日常工作中了解下属的能力、性格、需求和工作状态。做到下属的工作表现优劣心中有数，情绪波动也尽量掌握。对积极者鼓励，懈怠者督促，有矛盾时巧妙化解，用智慧引领团队发展。

第十八计：见微知著。

领导者要有见微知著的分析能力，面对下属的欺瞒蒙蔽，要能一眼洞穿，但尽量避免当面揭穿，敲山震虎可收奇效。

第十九计：洗耳恭听。

倾听下属的声音，一是可以避免错误，二是可以消除对立。所以领导者要有一双好耳朵，而不仅仅是有一张好嘴巴。

第二十计：解衣推食。

楚汉相争的关键时刻，韩信为什么没有背信弃义？因为刘邦善于运用情感关怀。因此，领导者要慷慨地给予下属关心和帮助。

第二十一计：推心置腹。

管理者要耐心倾听下属的想法，以真心换真心，让下属感受到尊重与信任，从而激发其工作热情。

第二十二计：背水一战。

当团队面临困难时，管理者要让团队成员意识到没有退路，从而激发出团队成员的潜力。

第二十三计：种豆得瓜。

下属不成长，领导者自己也难成功。因此领导者在工作中一定要注重培养下属，只有下属"增值"了，自己才能"升值"。

第二十四计：八仙过海。

分配任务是一项技术活，领导者要根据下属的专长和性格特点，取长补短，各尽其能。

第二十五计：抓大放小。

"水至清则无鱼，人至察则无徒。"一位优秀的领导者并不需要事事明察秋毫，而是要懂得抓大放小，大事要清醒，小事要糊涂。

第二十六计：用人不疑。

领导者除了知人善任之外，更要用人不疑，不疑才能让下属获得最大的信任感和满足感。

第二十七计：纲举目张。

权力是纲，职责是目，领导者只有把权力授予下属，各级人员的职责才会履行到位。

第二十八计：过程监督。

授权不等于放权，更不代表弃权。过程监督包括沟通、汇报、反馈等形式，过程不失控，结果才会不失效。

第二十九计：左右逢源。

领导者对下属之间的矛盾要灵活处理，不能厚此薄彼，只有处事不偏不倚，才能获得下属的尊重和信任。

第三十计：张弛有度。

领导者幽默风趣，偶尔组织团建活动，才能凝心聚力。

第三十一计：相互照亮。

领导者真诚地赞美下属，会更加得到员工的尊重和认可。

第三十二计：先扬后抑。

领导者批评下属要采取先扬后抑，掌握技巧，注意分寸，切不可直来直去。

第三十三计：宽严相济。

工作纪律、原则问题需严，这是红线；日常工作氛围、非关键错误要宽，张弛有度，这样团队才更有活力。

第三十四计：集思广益。

领导者不要刚愎自用，一定要倾听下属的意见，这样团队才更有士气。

第三十五计：从容不迫。

领导者保持自我形象，遇事沉稳干练，下属才会真心地服气。

第三十六计：责无旁贷。

出了问题不可怕，可怕的是推卸责任，领导者如果大事、难事缺少担当，那么势必造成上行下效。

034 宽广胸怀，塑造卓越领导力

拥有宽广心胸格局的人通常能够更好地处理人际关系，更有效地解决问题，以及在复杂多变的环境中保持冷静和理智。而拥有狭隘心胸格局的人通常思想、观念或态度不够开放，容易嫉妒、计较，难以容忍与自己观点不同的人或事物。

有的领导表面上宣称鼓励下属畅所欲言，可一旦下属提出不同意见，脸色瞬间就变了。小李在公司会议上，针对领导提出的项目方案，基于自己的市场调研，委婉地指出其中可能存在的风险和问题。本以为会得到领导的重视，可没想到领导当场就翻脸，不仅没有深入探讨，还指责他"想得太多，没有经验"。这让小李十分委屈，在之后的工作中变得小心翼翼，不敢再轻易表达自己的想法。

再看官渡之战，袁绍占据冀州、青州、幽州、并州等地，兵多将广，粮草充足，而曹操势力相对弱小。对待下属，袁绍看似心胸宽广，实则心胸狭隘。他手下谋士田丰，极具远见卓识，曾给袁绍出谋划策，建议他不要急于进攻曹操，而是采取持久战消耗曹操。然而袁绍心胸狭隘，不仅不听从田丰的建议，还认为田丰是故意扰乱军心，将他关进大牢。结果官渡之战，袁绍大败，他不但没有反思自己的决策失误，反而迁怒于田丰，将田丰杀害。反观曹操，他求贤若渴，心胸宽广。许攸本是袁绍的谋士，因不满袁绍心胸狭隘，前来投奔曹操。曹操听闻许攸来投，高兴得连鞋子都来不及穿，就跑出去迎接。许攸为曹操献上奇袭乌巢之计，帮助曹操大破袁绍。正是曹操心胸宽广，广纳贤才，才能在官渡之战中以少胜多。

在职场中，真正有领导力的人，必然有着宽广的心胸格局。他们能容人之长，不嫉妒下属的才华，积极为下属提供展示能力的平台。团队中有能力突出的成员，他们会感到欣慰，并且会合理安排任务，让这些成员的才能得到充分发挥，从而带动整支团队进步。同时，他们也能容人之短，理解下属的不足，给予耐心的指导和帮助，而不是一味地指责和批评。

拥有宽广心胸格局的领导允许团队中出现不同的意见。他们明白，不同的声音往往能带来新的思路和视角。在决策过程中，他们会鼓励团队成员各抒己见，充分讨论，综合各方意见后做出合理的决策。这样的领导，能赢得下属的尊重和信任，团队成员也会更有归属感，整支团队也将充满活力和创造力。

拥有宽广心胸格局的领导，能带领团队在激烈的职场竞争中披荆斩棘，走向成功。让我们摒弃那些狭隘的心胸格局，修炼真正的大格局，成就更好的职场人生。

035 合理用人乃管理者之责，减少"怨言炸弹"

南北朝时期，有一员大将叫贺若敦，他打了胜仗之后，不仅没有被提拔，反而因为种种原因丢了原先的职位，于是大发怨言，当权者听闻了这些言论，立刻把他调回并逼迫他自杀。

临死之前，他对儿子贺若弼说："我是因为这张嘴才丢了性命，你可一定要记住这个教训。"转眼几十年过去，贺若弼成为隋朝的大将军，却早已忘了父亲的教诲。有一次，能力不如他的杨素被提拔升官，自己却还在原位，他的怨言传到了皇帝耳朵里，于是，隋文帝下令把他抓了起来，并对他说："抓你是因为你目无长官，嫉妒心盛，但念在你的功劳，我还是会放你一马，你可一定要记住这个教训。"

然而这次的宽恕，并没有警醒贺若弼，他继续在一些场合大肆攻击杨素，还抱怨自己不得重用。忍无可忍的隋文帝再次把他抓了起来，并打算将他处死，一些王公大臣怕受牵连，纷纷在这时出来指证他过去说过一些对朝廷不利的话，直到这时，贺若弼才意识到是自己的嘴招了祸端。

在职场中，当遭遇不公时，一定要慎言。一句伤人的话语，如同利刃般刺痛人心，贺家父子两代均因言辞不慎而遭遇不幸，这给我们深刻的警示。

在职场中，学会管住自己的嘴，避免说出不恰当的话，这是一种智慧和修养。这不仅是对自己的保护，也是对他人的尊重。

对于管理者而言，应该注重人才的合理利用和公平对待。只有充分发挥每位员工的潜力，给予他们合理的机会和待遇，才能减少员工的怨气和不满。权力不仅是资源，更是对员工的责任。只有真正关心员工，才能赢得他们的信任和忠诚，共同推动企业的发展。

036 新晋管理者如何对待不服从管理的下属

刚刚被提拔为领导，该如何对待不服从管理的下属呢？

小丽在单位工作近两年了，由于自己工作很努力，得到了晋升的机会，领导把她提拔为主管了。

可是身边的同事也有和她一起进单位的，还有比她更有资历的，年龄也有比她大的，自从她被提拔以后，就感到同事已经开始孤立她了，还有个别人在工作中也不太愿意配合。

平时或周末，同事聚餐也不叫小丽了，给他们安排工作也不好安排，他们做工作明显在应付了事。

针对这个问题，可以从管理角度展开分析并破解。

出现这个局面的原因如下。

原因一：其他员工认为她的能力不如他们，因为在工作年限、资历方面他们更占优势，在平时的工作中，他们觉得她的能力和他们没什么区别，所以，他们认为她能够升迁可能是靠关系，靠巴结领导，所以从心里不服她。

原因二：老下属认为这个位置应该属于他们，如今她当了主管，相当于抢了他们的位置，使他们的希望破灭。

原因三：下属很明智，由于职位的变动带来了地位和职责的变化，他们本能地选择与她保持一定的距离，以保护自己的隐私，避免她因职务之便而对他们产生不利。

原因四：因为下属暂时不能接受她，所以有些抵触或排斥，目的在于看她出丑，看她到底有什么能力可以升职，有什么能力可以管好这支团队，凭什么做他们的上司。

知道了原因就有应对方法了，作为管理者，应该改变思维和社交圈，应该与同级别或者是高级别的同事多接触、多交流，从他们那里获得更多的管理经验和灵感，这才是新上任的管理者应该做的事情，而且下属与上司之间保持距离是很正常的职场现象，新上任的管理者的真正危机在于安排不了下属的工作。因此，新上任的管理者应该从以下几方面着手。

第一，要熟悉职责范围内的所有事务，不但要懂，也要尽可能地会操作，这才是自己真正的底气所在。下属不会做的工作，告诉他应该怎么去做；下属会做的工作，思考自己是否有更好的方法去处理。

第二，尽可能地将工作先安排给愿意做的下属，或者是不怎么排斥自己的下属去做，只要下属去做了，就应该给予他们必要的肯定。

第三，对于自以为是、不听安排倚老卖老的下属，在安排任务时，需要做必要的交流和沟通，疏导下属的抵触情绪，解答下属的疑问，以及解释这个任务为什么要安排给下属做，如果下属不做，就可以用以下几种方案进行处理。

第一种：按组织管理制度处理。

第二种：将工作剥离出来，分配给其他下属。

第三种：招聘新下属，既可以施加压力，也可以在下属退出之后做到及时补位。

037 管理者招人留人难，可从"上下同欲"破局

在各个企业的不同层级管理团队中，经常能听到这样的声音：作为管理者，总是招人难，留人也难。

首先要从面试问题说起，当有应聘者面试的时候，一般都会问什么问题呢？

是不是基本上都是问："以前做过什么？你为什么离职？"等这类问题。

那么，有没有人会说："因为我干得不好，被老板开了。"不会有人这样讲，但是很多 HR 和管理者都会这样去问，也从来没有人思考这样的问话是否是多余的。

仔细想想会发现，管理者问这些问题其实作用不大。

如果你是球队的老板，面对像迈克尔·乔丹那样的顶级球员，你会如何提问？你不会问他为什么选择你的球队，因为这些问题过于直接且缺乏深度。

相反，你可能会问："你打算在我们球队效力多久？"或者"当你离开时，你希望带走什么？"这样的提问方式更能揭示应聘者的长期规划和职业目标。

成功的招聘并非仅仅是找到一个有能力的人，更是找到一个与公司目标相契合、愿意为之努力的伙伴。当管理者将公司的目标与员工的目标紧密相连时，管理就变得相对容易了。因为员工是在为自己的目标而奋斗，内驱力远胜于仅仅为了工作而工作。

所以，作为管理者，当面临招聘人才和留住人才的挑战时，不妨尝试从"上下同欲"的角度出发，找到那个与公司共同成长、共同奋斗的伙伴。

038 如何处理员工异动管理中的离职

有很多管理者在带领团队时会有一个解不开的心结，就是自己管理的团队总是有员工离职怎么办？下面将深入探讨员工异动管理中的离职。

员工离职有两种：一种是员工异动管理范围指数之内的离职；另一种是超出员工异动管理范围指数的离职。

超出员工异动管理范围指数的离职，也就是超范围的大量离职，这种情况毋庸置疑，肯定是管理者出现问题了。

下面探讨的是员工异动管理范围指数之内的离职，也就是正常范围值之内的离职。

如果是员工正常异动范围内的离职，不要担心。相反，这正是展现企业文化魅力的绝佳时机。

关于员工离职后的去向，是否转向竞争对手或业内其他公司，确实是一个值得探讨的问题。但从管理者的角度出发，面对员工的流失，不应仅停留在担忧和猜测的层面。实际上，为何不尝试以更积极、开放的心态去应对呢？

管理者可以通过深入沟通，了解员工的离职原因和职业规划，尝试理解他的需求和期望。在此基础上，可以探讨是否有可能通过改善公司环境、提供更具吸引力的职业发展机会等方式，重新激发员工的工作热情和归属感。

当然，如果员工已经决定离开，管理者也不妨思考如何以更智慧的方式处理这种情况。与其担心员工成为对手的内应，不如主动出击，尝试与员工建立一种友好的关系。管理者通过分享行业资讯、交流经验等方式，可以让离职者感受到诚意和尊重，同时也为自己在未来的竞争中留下一张潜在的"友好牌"。

更重要的是，管理者要认识到，真正的竞争并非仅依赖于内部情报的获取，更在于公司的创新能力、服务质量、团队凝聚力等多方面的综合实力。因此，与其过分关注个别人的去向，不如将精力投入提升公司整体竞争力上，只有这样才能在激烈的市场竞争中立于不败之地。

作为一位优秀的管理者，带领团队的核心并不在于对员工的每一个工作细节都事无巨细地进行干预，而在于通过一系列激励的举措来激发员工的潜能。从员工入职的第一天起，就可以着手营造一种温馨的氛围。不妨让人力资源部门在每位员工的重要日子里，为他们拍摄几张照片，作为珍贵的记忆留存。

在团队中，员工的每一个"第一次"或特殊日子都值得被铭记。比如，当他们第一次独立完成领导交付的重要任务、第一次完成客户签约、第一次在团队活动中发表感言，或是他们的生日、团建活动等，都是拍照留念的好时机。这些瞬间不仅记录了员工的成长，也增强了团队的凝聚力。

当员工即将离开团队时，可以安排人力资源部门将这些珍贵的瞬间制作成幻灯片，并组织一场温馨的欢送会。在会上，可以深情地说："今天，我们怀着复杂的心情欢送我们的好伙伴。他即将踏上新的征程，寻找更大的舞台和更广阔的发展空间。接下来，让我们一起回顾一下他刚到公司时的模样。"随着幻灯片的播放，可以选择《放心去飞》或《祝你一路顺风》等背景音乐，为这场欢送会增添更多的情感色彩。

此时，作为管理者，可以逐一为照片添加旁白，带领大家重温那些美好的瞬间。当一系列照片展示完毕后，可以引导在场的每一位伙伴给这位即将离职的同事一个拥抱，并告诉他："以后在外面受了委屈，别忘了有我们。家人的怀抱永远向你敞开，我们永远是你最坚强的后盾。"

这样的拥抱不仅让离职的员工感受到了团队的温暖，也让在场的每一个人想起了过去岁月中的美好时刻。这才是管理的真谛——真心。

作为管理者，千万不要与离职的员工发生冲突。即使他们去了竞争对手那里，也不要心生怨恨，更不要试图刁难他们。

尤其是对待老员工，如果一个员工能在一家公司工作五年甚至十年，这无疑是难得的缘分。当这样的员工决定离开时，应该思考如何与他们继续保持良好的关系。实际上，即使他们离职了，仍然可以成为朋友。

但请注意，千万不要问他们是否已经找到了工作。而应该大方地祝福他们："很遗憾你要离开了，但这也说明你在这里的几年时间没有浪费，你一定有了明显的成长。"还可以承诺："我会在离职证明上详细列出你的所有优点，让其他公司知道从我们这里走出去的人是多么优秀。"

这样的交流方式不仅让离职的员工感受到了尊重和理解，也让他们对未来的工作充满了信心。

另外，很多公司都没有充分重视前员工这层关系。一旦员工离职，他们就急于删除所有相关信息，生怕被窃取机密。但实际上，对于那些老员工尤其是曾经担任过管理层的老员工来说，公司的商业机密已经不再是什么秘密了，删除他们的信息只是自欺欺人罢了。有些企业甚至还将离职的员工列入黑名单，永不录用。这样的做法不仅显得企业格局狭小，还可能激怒离职的员工。

其实，每个人都有职业操守。离职员工在企业里所知道的商业机密一般不会轻易泄露给他人。除非在离职时企业故意刁难他们，让他们不愉快地离开。一般地，他们都会希望自己的"老东家"能够发展得更好。

在这个时代，无论是个人还是企业都讲究诚信和好口碑。个人拥有好口碑不容易，企业拥有好口碑更难。一旦企业出现用户的差评，可能需要几十个甚至上百个好评才能扭转局势。但如果出现曾经内部员工的差评，那么扭转局势的难度将更大。因此，如果没有什么"深仇大恨"，与离职的员工好聚好散无疑是一个明智的选择。

最后，想强调的是如何维护好离职的老员工群体。其实，每个企业都可以考虑由人力资源部门主导成立一个"前员工计划组织"。凡是离职的员工，在办理离职手续当天起，都可以自愿选择加入这个组织。他们可以参加企业每年举办的前员工聚会，与其他离职后加入该组织的成员相聚一堂、互相认识，还可以成立"前员工计划组织"群来运营这个群体。在这个获客成本极高的时代，这样的资源无疑是非常宝贵的。

或许有人会问："如果我这样对待离职的员工，对现任员工会不会有什么影响？会不会让他们也产生离职的念头？"实际上，并不会。相反，这样的做法会让现任员工感受到企业的温暖和关怀，从而更加珍惜在团队中的时光。他们会明白，即使有一天他们离开了这支团队，也会受到同样的尊重和祝福。这样的企业文化不仅能够留住人才，还能够吸引更多的人才加入。所以，管理者们请尽量管理好企业与前员工的关系。

039 管理者凭经验管理有用吗

经验有用吗？

有用。

但是，很多人不会用经验。

记住，经验是总结人的，而不是总结事的。

什么意思呢？

社会是在不断向前发展的，所以，管理者若总拿过去的经验去总结事，那一定输得很惨。

大部分"80后""90后"应该都听过父辈们经常说这么一句话：

"我没文化，不也挣着钱了吗？"

这句话放在现在，还实用吗？

那个时候 1000 个人里只有 2 个大学生，他们能把事做成，不是因为他们没文化，而是因为社会普遍文化程度偏低。

很多人总拿自己的个人经历当成普世的经验，早晚有一天要吃亏。

经验，除了技术工种之外，总结的都是人做事的规律。

但在不一样的时代背景下，人做事的方式是不一样的。所以把人研究透彻才是重点。

人类从有文明开始到现在已经几千年了，本质上没有什么区别。原来打仗用石头，现在打仗用导弹；原来出门骑马，现在出门坐车、坐高铁、坐飞机。本质未发生变化，只是工具不一样而已。

秀才不出门，便知天下事。怎么做到的？多看书。

书是人类思想的结晶，精华都在书里。所以这就是经验的价值，多总结人，少总结事。

时代，在你不知不觉的时候就已经变了。

040 管理如何不被陷入内卷化

在职场竞争日益激烈的环境下，内卷现象愈发凸显，成为企业管理中亟待解决的问题。在管理领域，内卷表现为过度的内部竞争、资源浪费，以及低效率的重复工作，严重影响了企业的创新能力和可持续发展。

以某互联网科技公司为例，这是一家在行业内颇具规模的企业。随着市场竞争加剧，公司管理层为了追求短期业绩，制定了一系列绩效考核制度。各个部门为了在考核中脱颖而出，开始了疯狂的"军备竞赛"。

研发部门为了在短期内推出更多的产品功能，不断地增加人力投入。工程师们日夜加班，然而大量的时间都花费在了对已有功能的细微改进上，而不是创新性的研发。比如，一款原本简单易用的软件，被添加了众多复杂的功能，这些功能很多用户并不需要，甚至影响了软件的稳定性和用户体验。这导致研发部门效率低下，新的核心技术迟迟无法突破。

市场部门为了争夺有限的客户资源，市场人员频繁地推出各种促销活动，却缺乏对市场定位和客户需求的深入分析。大量的营销资源被浪费在低质量的广告投放和价格战上，品牌形象逐渐模糊，客户忠诚度也并未得到有效提升。各个部门看似都在拼命工作，但整个公司却陷入了一种高消耗、低产出的内卷状态。

那么，从管理学角度来剖析该公司内卷的原因。

第一，目标设定的短视性。

该公司的管理问题首先源于目标设定的短视。管理层过于关注短期业绩指标，如季度销售额、产品功能数量等，而忽略了企业的长期战略目标，如核心技术研发、品牌建设等。这种短视的目标引导员工将精力集中在短期内能够快速见效的工作上，而忽视了对企业长远发展有价值的创新工作。

第二，绩效考核的单一性。

绩效考核制度的不合理也是导致内卷化的重要因素。单一的量化考核标准，如工作时长、项目数量等，促使员工为了满足考核要求而盲目地增加工作量，而不考虑工作的质量和实际价值。这种考核方式无法全面地评估员工的贡献，容易滋生形式主义。

第三，缺乏有效的沟通与协作机制。

在该公司中，部门之间缺乏有效的沟通与协作。各部门都在为了自身的考核目标而努力，却没有考虑整个公司的利益。研发部门不了解市场需求，市场部门不理解研发的困难，导致资源无法得到合理配置，工作出现大量重复和冲突。

那么，根据以上原因，在企业管理中要想避免陷入内卷，需要注意以下几点。

首先，制定具有长期战略导向的目标。

企业管理者需要从战略高度重新审视目标设定。制定明确的长期战略目标，如在未来几年内成为某一领域的技术领导者或打造具有国际影响力的品牌。然后将这些长期目标分解为阶段性的子目标，并确保短期目标与长期目标保持一致。例如，研发部门的目标不仅是增加功能，更要关注核心技术的突破和产品架构的优化；市场部门的目标应从单纯的销售额增长转变为市场份额的稳定提升和品牌价值的塑造。

其次，建立多元化的绩效考核体系。

摒弃单一的量化考核方式，建立多元化的绩效考核体系。除了评估工作成果的数量外，还要注重工作质量、创新能力、团队协作等多方面的评估。可以采用 360 度评估方法，让上级、同事、下属甚至客户都参与到员工的绩效考核中。例如，对于研发人员，除了评估其完成的代码行数或功能模块数量外，还要考虑其代码的质量、对新技术的应用、解决问题的能力及与其他部门协作的情况。对于市场人员，考核指标应包括市场调研的深度、营销活动的效果评估、客户满意度等。

最后，强化沟通与协作机制。

企业要建立跨部门的沟通与协作平台，定期举行跨部门会议，让各个部门能够充分了解彼此的工作进展和需求。例如，可以设立项目管理办公室，负责协调各个部门在项目中的工作，确保资源的合理分配和工作的顺利衔接。同时，鼓励员工之间的非正式沟通，通过团队建设活动、内部社交平台等方式，增强员工之间的信任和默契，打破部门壁垒。

　　总之，在现代职场竞争激烈的环境下，企业管理者必须警惕内卷化的陷阱。通过从目标设定、绩效考核、沟通协作等方面入手，调整管理策略，才能使企业摆脱内卷化的困境，实现可持续发展，在激烈的市场竞争中立于不败之地。只有这样，企业才能真正发挥员工的潜力，激发创新活力，而不是在无休止的内耗中失去竞争力。

041 当好副职的六大策略

怎样才能当好一名优秀的副职呢?

下面将探讨职场中当好副职的六大策略。

第一,揽事不揽权。

该正职决定的事情,自己不要盲目拍板;该别人分管的事,自己不要多管闲事;该下级落实的事自己不要过多干预。

第二,到位不越位。

宣传动员到位、具体指导到位、监督检查到位、请示汇报到位。要成事,但是不误事、不坏事、不多事。

第三,出力不出名。

不当主角,不抢头功,但是要敢于担责、担事、担难。

第四,补台不拆台。

相互补台,共同上台;相互拆台,共同垮台。

第五,服从不盲从。

不是谁的职位级别高就听谁的,而是谁的意见正确就听谁的。

第六,分工不分心。

分管的工作要精,不管的工作要懂。

只有这样副职才能让领导放心、让客户舒心、让同事开心。

042 什么样的领导者会给公司造成损失

什么样的领导者会给公司造成损失呢？

总有人觉得每天无所事事、安心吃喝玩乐、什么都不管的领导者会给公司造成损失，其实恰恰相反。

那些每天关注各种细节、各种小事，任何事都亲力亲为，什么事都管的领导者给公司造成的损失会更大。

比如，员工汇报工作时，不管内容讲的什么，却说这幻灯片排版不好看，颜色也不好看，要求员工换一换。

再有，当领导者路过前台的时候，觉得花摆放不合适，要求员工更换摆放方式。

或者定好了一起去团建，然后一个细节一个细节地核对，如车几点发？到景区几点走？甚至，领导到公司任何一个地方，都要求员工这个改一改，那个改一改，一天到晚改来改去，这样就导致工作没人去做。

为什么各种事情没人做呢？很简单，因为员工不知道领导的重点是什么，所有员工都认为自己对工作没有掌控力，认为这个事情自己说了不算，需要请示领导，领导拍板以后才敢做。

领导不看，员工就不敢定，所以到最后所有事只能耽搁了。

043 管理能力速成之道

在各个行业的管理圈中,许多管理者都在寻找一种快速提升管理能力的方法。

下面是一种简便易行的管理能力速成方法。仔细分析两本经典著作——《西游记》和《水浒传》,你就能掌握其中的精髓,提高管理技能和水平。

首先,从小团队管理的角度来解析《西游记》。

《西游记》中的团队结构很有特色。孙悟空,凭借超凡的武艺和智慧,为团队解决了无数难题,吃的是"本事饭",是团队中那 10% 的精英。猪八戒,虽有些懒惰和贪婪,但善于交际,能处理各种人际关系,吃的是"关系饭"。而沙和尚,则以其忠诚和勤劳著称,吃的是"态度饭"。

在团队中,孙悟空和沙和尚的角色至关重要。孙悟空作为团队的核心,具备强大的号召力和资源整合能力,能够吸引和整合各种资源,为团队的发展提供有力支持。而沙和尚则以踏实肯干的精神,推动着整支团队不断前进。至于猪八戒的角色,虽然在团队中占据了较大的比例(约80%),但也为团队带来了活力与多样性。

那么,如何管理这样一支多元化的团队呢?对于孙悟空这样的能人,管理者需要给予他们足够的信任和一定的权力,让他们充分发挥自己的才能。同时,也要为他们设定明确的目标和期望,以确保团队的方向和目标保持一致。而对于那些能力较弱或态度不佳的成员,管理者则需要通过激励和引导,让他们认识到自己的不足,并努力改进。

接下来,解析《水浒传》中的管理智慧。

《水浒传》中的 108 位好汉,虽然性格各异、能力参差不齐,但都能为了共同的目标而团结一致、共同奋斗。这是因为他们有一个明确的组织架构和利益分配机制——"座有序、利无别"。这种机制使每位好汉都能够明确自己的位置和责任,同时也能够享受到相应的利益。

在企业管理中,管理者也可以借鉴这种思想。

首先，要建立一个清晰的组织架构和职位体系，让每位员工都能够明确自己的职责和权限。

其次，要制订一个公平合理的利益分配机制，确保每位员工的付出都能够得到相应的回报。这样就能够激发员工的积极性和创造力，推动企业的持续发展。

再次，在企业管理中还需要重视用人之道。正如《西游记》和《水浒传》中所展现的那样，一支优秀的团队需要各种类型的人才来共同支撑。因此，管理者要善于发现和培养人才，让他们在各自的领域里发光发热。同时，管理者也要善于用人之长、避人之短，让每位员工都能够在团队中发挥出自己的最大价值。

最后，管理能力并非一蹴而就的。它需要管理者在实践中不断摸索、学习和总结。通过借鉴《西游记》和《水浒传》中的管理智慧，管理者可以更快地掌握管理技能和方法，提升自己的管理能力。同时，管理者也要保持谦虚的心态，不断学习和进步，以应对日益复杂多变的市场环境。

044 管理者应学会的古代用人智慧

在企业里，管理者如果能利用一个人的优点把工作推动完成，那么这位管理者是有水平、有智慧的。管理者如果能利用一个人的缺点把工作推动完成，那么这位管理者一定是超水平、有大智慧的。

"用人如器，各取所长。"古人早就认识到，每个人都有其独特的优势和才能，如同各种器具，各有其用。唐太宗李世民堪称这方面的典范。房玄龄善于谋划，杜如晦则能果断决策，二人合称为"房谋杜断"。李世民深知他们的长处，委以重任，让他们在各自擅长的领域发挥作用，成就了贞观之治的辉煌。李世民精准地识别出下属的优点，并且将其安排在合适的位置，充分发挥了人才的价值。

古代的用人智慧并非仅止于此，更难得的是懂得用好一个人的缺点。战国时期，齐国的孟尝君广纳门客，其中就包括鸡鸣狗盗之徒。在一次孟尝君出使秦国面临被囚禁的危机时，善于学鸡叫的门客帮助孟尝君骗开了函谷关的城门，善于偷盗的门客则偷出了献给秦王的白狐裘，以此贿赂秦王的宠妾，最终孟尝君得以逃脱。孟尝君巧妙地运用了这两人的"缺点"，解了燃眉之急。这表明，管理者若能以独特视角看待所谓的缺点，也能将其转化为自己的助力。

作为管理者要善于发掘和用好一个人的优点，更要学会巧妙运用缺点。通过精准识别每个人的优点和缺点，管理者合理分配工作任务，让员工在擅长的领域发挥才能。对于缺点，不能一味回避忽视，而是要引导转化，使其成为推动团队的动力。

因此，作为管理者，必须深思用人哲学。古人留给我们的管理智慧，是历经千年验证的瑰宝。在现代社会中，学习和借鉴这些智慧，在人才管理中才能更加得心应手，打造出高效卓越的团队，在激烈的竞争中立于不败之地。

045 企业害怕这种管理者

在企业管理领域,有一种备受关注的现象——死海效应,它是企业颇为忌惮的一种管理困境。

死海效应是指企业发展到一定阶段后,工作能力强的员工会选择离职,因为他们无法容忍企业的某些行为,即使辞职也会很快找到好的工作。工作能力差的员工却留着不走,因为他们辞职以后不太好找工作,这类人在企业时间久了,慢慢就变成了中高层,这种现象就是死海效应。

它造成的结果就是:淘汰能力强的,留下能力弱的,最终老板破产,企业倒闭。那么,应该如何避免出现这种现象呢?

许多企业都在运用末位淘汰制度。但是,管理大师彼得·德鲁克说过,末位淘汰对于一些盲目跟风的企业或管理者,是存在非常大的风险的。这其实是有道理的。

在实行末位淘汰制时,为什么说被淘汰的员工是末位呢?

有人会说,因为工作有量化,所以量化指标不可缺少。

那么,有没有无法量化的指标呢?比如说一个人的品性、品质,甚至这个人的创新思维等。但为什么不考核这方面呢?因为的确难以量化。

企业中往往存在以下四类人。

第一类,既有意愿,又有能力的人。

第二类,有意愿,但是没有能力的人。

第三类,没有意愿,但是有能力的人。

第四类,既没有意愿,又没有能力的人。

那么,意愿和能力哪个更重要呢?

答案一定是意愿更重要。

所以在人才梯队建设中,企业应当优先优化既没有意愿又没有能力的员工;调整有能力但没有意愿的员工;对于有意愿但能力不足的员工,应制定系统的培养计划;而对既有能力又有意愿的核心人才,则需充分授权并建立有效的激励机制。

通过这样的人才结构优化,企业可以持续提升组织效能。当最优秀的人才都难以发挥作用时,往往意味着企业面临严重的经营困境。

一位成功的企业管理者,其实只需聚焦于三张核心表格的精准运用:首先是评估工作效率与效果的表格;其次是衡量员工能力与意愿的表格;最后是判定任务重要性与紧急性的表格。每张表格都细致划分为四个象限,以便更全面地掌握情况,制订策略。

其实,要想做好企业的管理者,一定是要做减法的,千万不要动不动就出一个所谓的流程手册、标准化手册等。

太繁杂、太难和太抽象的管理,只能说明管理者的无能。

046 管理者要悟透的三种认知

在企业管理中，每一位管理者都扮演着至关重要的角色。然而，想要在管理舞台上游刃有余，不仅需要有丰富的经验和卓越的能力，更需要有深刻的认知。那么，作为管理者，如何判断自己的认知层级，并进一步提升自己的认知水平呢？

托利得定律为我们提供了一个有力的工具，它将人的认知分为三个等级：一元思维模式、二元思维模式和多元思维模式。每一种模式都代表着不同的思维深度和广度，也决定了管理者在事业上的高度和能力指数。

首先是一元思维模式。

一元思维模式的管理者往往只凭着自己的看法去看世界，他们坚信自己的观点是绝对正确的，对于别人的意见往往置若罔闻，甚至会用各种理由进行反驳。他们仿佛生活在一个只有自己的世界里，与外界隔绝。然而，这种固执己见的态度往往会导致他们错失很多宝贵的机会，甚至会在决策上犯下严重的错误。

其次是二元思维模式。

与一元思维模式相比，二元思维模式的管理者已经跨出了一大步。这种模式的管理者拥有自己的一套思维逻辑，能够尊重别人的看法，并且不会轻易反驳。开放的心态让他们能够更好地理解世界，也更容易与团队成员建立良好的关系。然而，二元思维模式的管理者仍然存在着一定的局限性，因为他们往往只能在自己的思维框架内思考问题，难以跳出框架看到更广阔的世界。

最后是多元思维模式。

多元思维模式是认知的最高层级。处于这一层级的管理者已经能够兼容外界的思想和观点，他们的大脑源源不断地吸收和消化着外界的信息。他们能够从各种信息中筛选出对自己有用的东西，不断丰富自己的知识体系，提高自己的能力。这种模式的管理者往往能够洞察先机，做出明智的决策，带领团队走向成功。

要实现从一元思维模式到二元思维模式再到多元思维模式的认知提升，核心的要领就是"去固执，除边界"。这意味着管理者需要放下自己的固执和偏见，以开放的心态去接纳不同的观点和思想。只有这样，管理者才能真正做到万物通达于心，圆融无碍，来去自由，通用无滞。

在这个过程中，管理者还需要不断地学习和实践，通过不断地反思和总结，不断提升自己的认知水平。只有这样，管理者才能在管理的道路上越走越远，成为真正优秀的管理者。

047 做好这四点 你就具备高层管理者潜质

初级或中级管理者经常会有这样的迷茫，他们做管理岗已经有几年了，该如何往更高的管理岗发展呢？

其实，高层管理者就是一位综合管理者，企业的高层管理者属于运营岗，就是说高管必须懂运营，懂战略层级的运营，要串联一切，因为高管是为整个企业的效益负责的。

因此，做好战略运营就必须具备战略的洞察力，就是要能够通过"五看"的形式（看行业趋势、看市场客户、看竞争对手、看自己、看机会）将产品、运营、营销、品牌、人力、财务进行串联，然后综合分析。

在整个过程中，管理者要着重考虑以下四个核心点。

核心一：管理者要有明确的考核指标

什么是执行力？

考核就是执行力，就是目标，就是白纸黑字。管理者要明确，考核的业绩指标就是员工工作的方向标，方向标指向哪里，员工的目标就在哪里。

核心二：管理者必须做到赏罚分明

奖励员工时，要奖得他心花怒放；惩罚员工时，要罚得他心服口服。作为管理者，怎么才能做到管理相对公平呢？

许多管理者会说：做到有奖有罚，奖罚分明，这就是相对公平。

然而在实际执行过程中，虽然建立了奖罚机制，但往往演变为管理者主观判断下的"奖罚分明"。这种不当的奖惩导致优秀人才流失，造成团队执行能力低下。最终，企业经营效益持续下滑，逐步丧失市场竞争力而被淘汰。

什么叫奖罚分明呢？

管理者可以把工作分成三方面：第一方面，是难做的事；第二方面，是容易做的事；第三方面，是分不清难易的事。

考核时，管理者要对难做的事，只奖不罚。因为难做的事，不奖就等于惩罚。如果再去惩罚员工，那就是管理者不公正，就会导致没有人愿意去做难做的事，也没有人愿意去做那些创新的事了。比如企业里的科研类、研发类、创新类的事情，即支撑企业核心技术的工作，本来就是非常难做的事，如果做不好，管理者再去惩罚员工，肯定没有员工愿意去创新，即便做了，也会考虑到自身的利益问题，会避重就轻。

那么，对容易的事呢？比如说扫地，扫干净了还奖？那管理者绝对就是有问题，本来扫地阿姨一个月的工资是 4000 元，最后一结算，再加上奖金共 10000 元。这样的行为就会导致所有人都争着、抢着做容易的事，把困难的事扔在一边。

如果出现这种情况，就是管理者犯了最大的错误！

其实，简单的事，做好了是应该的，做不好就罚。罚时要罚得他心服口服。这也就是管理中所说的，简单的事只罚不奖。

那么，对分不清难易的事呢？管理者只需做到奖勤罚懒。这样一来，对所有的事就有了一个最基本的判断，这就叫奖罚分明。

核心三：管理者要会节约成本。

巴菲特说过，不懂节俭的管理者，永远无法做好企业，因为他们没有现金流思维，无法掌控企业生死。

千斤重担众人挑，人人头上有指标。企业降低成本与节约成本的指标，并非所有员工都要背负这个指标，至少所有的管理者都要背负这个指标。

现如今同类型产品从单一的产品品质上很难拉开差距，那么，企业要想提升市场竞争力，就要从低成本战略上拉开差距。

降低企业各种成本，使企业的产品有竞争优势，而且保持一定的现金流，那么，任它东南西北风，任它惊涛骇浪，只要团队咬定青山不放松，企业就能在激烈的市场竞争中保持稳健发展。

管理者可以从以下几方面来降低成本与节约成本。

一是降低采购成本。

二是降低流通成本与库存成本。

三是降低时间成本。

低效率与高成本,是大多数企业的致命伤。一个企业的效率高不高,可以参照企业有多少间会议室,或者会议室的使用率。会议室越多或者会议室的使用率越高,说明企业的效率就越低、运营成本就越高。

四是降低经营成本。

以下是降低企业经营成本的五个方法。

(1) 尽量采用高科技的设备来提高生产效率,高科技的设备包括采用机器人技术、高科技设备,这样能够以更少的员工生产出更多的产品。

(2) 聘用高熟练度与高技能的知识型人才,将知识运用在生产运营上,能产出更多的价值。

(3) 把一些非核心业务外包,让有优势的企业承担企业的产品制造,企业则专注于设计、营销等方面。

(4) 采用培训的方式提高员工的专业水平,主要是培训员工的实用技能与实战技巧,而不是培训非本岗位应用的专业技能。

(5) 运用先进的管理方式来管理企业。

以上五个方法,只要做得好,就能降低经营成本。做得好与不好,成本能不能降下来,取决于管理者的管理水平,同时也能验证出管理者到底是实战派还是搞形式主义的官僚派。

五是降低管理费用与人工费用。

现代企业中,管理人员的设置要本着少、精、干的原则来配置。

(1) 少就是尽量压缩高管的数量。

(2) 精就是精兵简政的意思。

（3）干就是有才干的意思。

要减少高管的人员配置，高管的薪酬高，往往是员工们的几倍、几十倍，甚至几百倍。减少高管的职位数，有助于减少管理费用与人工费用。

要通过减少管理层级来减少管理人员，以前一个管理人员只管几名或十几名员工。高科技时代，一个管理人员可以管理几十到几百名员工。

此外，还要增加管理人员的管理幅度。减少管理层级，增加管理幅度，这样就可以减少中层管理人员与基层管理人员。同时也能为企业节约一大笔管理费用与人工费用。僧多粥少，僧少粥就多，就是这个道理。有些管理者会困惑，这么少的管理人员，如何监督这么多的企业员工呢？

其实，员工也属于企业的内部顾客，管理者要把监督者的身份，转变为教练的身份。

对于员工要进行团队管理，或者利润中心管理。对员工充分授权，让每一位员工既是一线决策者，又是监督者，更是管理者。对员工的监督不是管理者监督员工，而是制度监督员工，或者是员工自己监督自己，或者是团队成员间的相互监督。

通过此举，旨在充分激发员工参与管理活动的热情与积极性，同时为企业节约成本。需特别强调的是，这种成本节约并非通过削减员工的工资和福利待遇来实现，而是通过优化管理和提升效率来达成。企业珍视每一位员工的贡献，致力于在保障员工权益的同时，实现企业的可持续发展。

员工要生活、要吃饭。他们也会比较同行业企业的工资标准，如果员工工资高于本行业其他企业的工资，员工就会高兴、满意；如果他们的工资低于本行业其他企业的工资，员工就会不高兴、不满意，存在跳槽的风险。想办法提高员工的满意度，就是提高企业内部顾客的满意度，这才是作为管理者应该做的。只有内部顾客的满意度提高了，才能让企业外部顾客的满意度更高，企业才能更加快速地发展壮大，立于市场不败之地。

核心四：管理者要懂得挖人用人

在企业招人用人中，优秀的人才创造的价值远超其成本。所以作为管理者，要想办法把最优秀的人才挖掘过来。

在挖掘人才时，管理者可以灵活地采取多种策略。一种方式是运用融资资金来吸引他们，为他们提供充足的资源和支持；另一种方式则是通过股份激励，让他们成为公司的一部分，共享公司成长的成果。

宁向直中取，不向曲中求，不为锦鳞设，只钓王与侯。

管理者应坚持直接而坦诚的方式，不绕弯子，不追求数量而重质量，去寻找那些真正能够引领公司前行的杰出人才。

048 衡量管理者最重要的能力标准

在管理岗位上工作一两年的管理者往往会有这样的疑问，就是衡量一名管理者的管理能力最重要的核心标准是什么？

为了解答这个问题，我们不妨从历史中选取几位著名的人物，通过他们独特的管理方式，来深入剖析管理者所应具备的关键能力。

汉高祖刘邦从一个泗水亭长，最终成为大汉王朝的开创者，他的管理能力无疑是极为出色的。刘邦的成功，很大程度上得益于他卓越的识人用人能力。他深知自己并非在所有方面都出类拔萃，因此，他广泛招揽贤才，将萧何、张良、韩信等各类人才聚拢在自己麾下，并能根据他们的特长进行合理分工。刘邦的这种"知人善任"的管理方式，不仅使他的团队保持了高效运转，更在关键时刻发挥了重要作用，帮助他击败项羽，建立起了强大的汉朝。

与刘邦形成鲜明对比的是项羽。项羽虽然勇猛无比，被誉为"西楚霸王"，但在管理上却显得捉襟见肘。他刚愎自用，不信任部下，往往独断专行。这种管理方式，不仅使得他的团队人心涣散，更在关键时刻因缺乏有效指挥而错失良机。最终，项羽在垓下之战中兵败并在乌江自刎，其管理的失败是不可忽视的重要原因。

通过刘邦和项羽的对比，我们可以看出，管理者的识人用人能力是多么重要。一个优秀的管理者，不仅要能够识别出人才的优劣，更要能够根据他们的能力进行合理配置，让每个人都能发挥出自己的最大价值。只有这样，团队才能保持强大的战斗力，才能在激烈的市场竞争中立于不败之地。

唐太宗李世民作为唐朝的第二位皇帝，他的治国理政能力被后世广为称颂。李世民在位期间，实行了一系列有效的政治、经济和文化政策，使得唐朝的国力迅速增强，成为当时世界上最强大的国家之一。李世民的管理之道，在于他善于倾听下属的意见，能够集思广益，做出明智的决策。同时，他还非常注重选拔和培养人才，建立了一套完善的官僚体系，确保国家的各项政策能够得到有效执行。

李世民的管理方式，体现了一名优秀管理者所应具备的另外两个重要能力：决策能力和团队建设能力。一个优秀的管理者，必须能够在复杂多变的环境中迅速做出正确的决策，以带领团队朝着正确的方向前进。同时，还必须注重团队建设，通过选拔和培养人才，打造一支高效、忠诚的团队，为企业的长远发展提供坚实保障。

当然，历史上有管理才能的人物远不止刘邦、项羽和李世民。我们还可以从明朝的张居正身上学到很多管理智慧。张居正是明朝著名的政治家和改革家，他推行的一系列改革措施，如"一条鞭法"等，极大地促进了明朝经济的发展和社会的稳定。张居正的管理之道，在于他敢于破旧立新，勇于改革。他深知旧有的制度和做法已经严重阻碍了国家的发展，因此，他果断采取措施，进行大刀阔斧的改革。这种敢于挑战传统、勇于创新的精神，是一名优秀管理者所必须具备的。

综上所述，衡量一名管理者的管理能力，最重要的核心标准可以归结为四个方面：识人用人能力、决策能力、团队建设能力和创新能力。这四个方面相互关联、相互促进，共同构成了一名优秀管理者的综合素质。只有具备了这些能力，管理者才能在复杂多变的市场环境中游刃有余，带领团队不断前进，创造出更加辉煌的业绩。

当然，管理能力并非一蹴而就，它需要管理者在实践中不断学习、不断积累。作为一名初涉管理岗位的管理者，应该时刻保持谦逊的心态，虚心向他人学习，勇于接受挑战，不断提升自己的管理能力。只有这样，我们才能在未来的职业生涯中走得更远、更高。

049 管理目标定的不合实际就是逼员工"拍屁股"走人

许多管理者犯的最大的错误就是目标定得不合实际，但是却还想要提高执行力，那怎么可能呢？

比如，有的孩子，父母定的学习目标是达到 100 分，但无论怎么努力，他也达不到那个目标，会打击孩子的积极性。

再比如，一个原本跳高能跳 1.8 米的人，给他设定一个目标让他跳到 5 米高，那他还有必要冬练三九夏练三伏吗？这是不可能的。

所以，当目标定的不合实际，也就不存在任何的执行力了！

一个好的目标要具体、要可衡量、要能够实现、要有相关性、要有时间节点。

如果这些要素都没有，那目标从何而来呢？

如果管理者制定的目标没有依据，那么他就是在"拍脑门"！可是下属怎么完成呢？

即使当时下属"拍胸脯"答应了，但最后不能完成任务的时候，下属就会"拍屁股"走人。最终损失的还是企业。

这种管理目标是彻底错误的，管理者须明确目标有三级。

一级是底线目标，即经过努力，员工都能完成。

二级是进取目标，即 80% 的人能够完成。

三级是挑战目标，即 20% 的人能够完成。这也就是著名的二八定律。

管理者只有依据科学原则制订合理目标，才能真正提升团队的执行力，推动企业朝着正确的方向发展，避免因制订的不合理目标带来的各种问题和损失。

050 能力和格局哪个更重要

许多初级管理者总会有这样一个疑问,作为管理者,能力和格局哪个更重要?

这个问题很重要,如果管理者明白了能力和格局哪个更重要,就能够对人有更加准确的判断。一个人到底有没有前途,管理者可以看这两点,一个就是能力,一个就是格局。

韩信在小的时候,家里比较穷,父母去世以后,韩信只能靠钓鱼为生,钓完了鱼,再拿到外面去卖,当时周围有好多人都瞧不起他。

有一次,韩信就遇到了一个爱找事的地痞,看到韩信就对他说:"别看你长得人高马大,还佩带着剑,但其实你就是一个胆小鬼!"

那个地痞又说:"如果你敢拿你的剑刺我,就证明你不是胆小鬼,如果你不敢,那你就从我的胯下钻过去。"

地痞不断地用各种污言秽语去谩骂韩信。可是韩信,想了又想,还是忍住了,最终真从这个地痞的胯下钻了过去,这就是著名的"胯下之辱"。

后来,韩信跟随刘邦,当了大官。韩信回村就召见了那个曾经侮辱他的人,而且还封他做了中尉。封完官之后,韩信就对自己手下的人说:"如果当年我拔剑杀了他,也就没有今天的我。"

这个故事说明了一个什么问题呢?在这件事上,韩信胜在了格局上。

一个人的能力再强,如果每天都在斤斤计较一些小事,也就证明这个人的格局太小,是没有前途的。

再来看另一位历史人物——蔺相如。蔺相如原本只是赵国宦官缪贤的门客。一次偶然的机会,他凭借着自己的智慧和勇气,完璧归赵,为赵国保住了和氏璧,由此得到赵王的赏识,被封为上大夫。

不久后,在渑池之会上,蔺相如再次挺身而出,维护了赵国的尊严,使得赵王平安归来。蔺相如因此功绩被封为上卿,位在廉颇之上。

廉颇对此颇为不满,他认为自己身为赵国的大将,战功赫赫,而蔺相如仅凭口舌之劳,官位高于自己,扬言要当面羞辱蔺相如。蔺相如得知后,尽量回避廉颇,不与其发生冲突。

蔺相如的门客们都感到不解和羞愧,认为蔺相如过于胆怯。蔺相如却解释道:"我并非惧怕廉颇将军。秦国之所以不敢侵犯赵国,正是因为有我和廉颇将军在。我之所以避让,是因为将国家的安危置于个人的荣辱之前。"廉颇听闻这番话后,深受感动,于是负荆请罪,两人最终成为刎颈之交。

蔺相如在面对廉颇的挑衅时,没有选择针锋相对,而是以国家利益为重,展现出了宏大的格局。他明白,内部的团结对于国家的稳定和强大至关重要,个人的荣辱得失在国家利益面前显得微不足道。

三国时期的东吴名将陆逊初出茅庐时,年纪轻轻就被孙权委以重任,抵御刘备的大军。然而,他的上任遭到了东吴众多将领的质疑和不满,认为他资历尚浅,难以担当重任。

在战争初期,陆逊面对刘备的进攻,选择了坚守不出,这一策略引发了部下的诸多抱怨。但陆逊不为所动,他深知刘备士气正盛,此时出战并非良机。

在众人的质疑和压力下,陆逊始终保持冷静,最终抓住时机,火烧连营,大败刘备,一战成名。

战后,陆逊面对曾经质疑他的将领,没有加以指责和报复,而是以宽容和理解的态度对待他们。他明白,作为将领,应以大局为重,团结众人,共同为东吴的发展贡献力量。

从这些历史人物的故事中,我们可以深刻地体会到,格局在一个人的发展中起着至关重要的作用。一个人的能力再强,如果每天都纠结于琐碎的小事,为了一时的得失而耿耿于怀,那么他的发展也会受到阻碍。

在管理学中,格局意味着领导者能够超越个人的利益和情感,站在更高的层面看待问题。具有大格局的管理者,能够从整体利益出发,制订长远的战略规划,而不会被短期的困难和挫折所困扰。他们能够包容团队成员的不足和错误,善于协调各方利益,调动团队的积极性,实现共同的目标。

相反,一个只注重个人能力,而缺乏格局的管理者,往往会在权力和利益的争夺中迷失方向,导致团队内部出现矛盾和冲突,最终影响企业的发展。

例如，在一个企业中，如果管理者过于关注个人的业绩和荣誉，而忽视了团队的协作和员工的成长，那么即使他个人能力出众，也难以带领团队取得持续的成功。而一个有格局的管理者，会注重培养人才，建立良好的企业文化，为企业的长远发展奠定坚实的基础。

总之，能力和格局对于管理者来说都不可或缺。一个有格局的人，能够吸引更多的人才，整合更多的资源，创造更大的价值。在当今竞争激烈的社会环境中，我们应当不断提升自己的能力，同时也要注重培养自己的格局，以实现更大的人生目标。

希望通过这些历史人物的故事和分析，能够让读者对能力和格局的关系有更深入的理解，从而在个人的成长和管理工作中，做出更明智的选择和决策。

051 提高团队执行力的方法

作为管理者，肯定会遇到员工缺乏执行力的情况。那么，应该如何让员工具备超强的执行力呢？

管理者平时训斥员工没有执行力时，一般都是怎么训斥的呢？以下是管理者训斥员工缺乏执行力的几个情景。

情景1：

管理者："我让你干这事了吗？是我让你干的事吗？"

员工："我以为你就是让我这样干的啊。"

情景2：

管理者："给你安排的工作，怎么三天都没汇报呢？干什么去了？"

员工还很无辜地说："我都做完了，你也没有说让我给你汇报啊？"

情景3：

员工在工作的时候经常找领导问："这件事怎么办，你给出个主意，那件事怎么办，你给出个主意。"

这时有的管理者非常不耐烦地说："什么事都问我，要你干什么！"

老问领导，领导不高兴，领导会觉得这个员工没用。

员工可能就学聪明了，以后也就不问了，完全自己干，全凭自己的主动积极性，自己解决问题。

可是当管理者发现员工做错了，又训斥员工："你问过我吗？这事你敢自己做主？出了问题你负责？你担当得起吗？"

员工怎么做都不对，员工怎么做都没有执行力，为什么？

大部分管理者在布置工作任务的时候，最常说的一句话就是"你看着办吧，这事交给你来办，我放心"这算是比较客气的了。

还有一种非常普遍的话就是："这个事不要让我再说第二遍！"

甚至有些管理者，要求员工会看眼色，也就是俗话说的有眼力见儿。

一个眼神就要明白领导的意思，试想要花多大的精力，才能培养出一个拿眼神就能调动的人？

一些管理者就喜欢这样做，所以结果就是团队没有执行力，为什么？就是因为管理者懒得把一句话多说两遍。

可这样的管理者怎么可能会带出具有高执行力的员工呢？

这方面我们可以借鉴日本公司的做法，要求管理者给员工安排工作任务时，至少要说五遍。

第一遍，管理者明确陈述工作任务。

管理者："麻烦你帮我做一件事。"

员工："好，保证完成任务。"然后转身准备走。

第二遍，要求员工复述任务内容以确保理解无误。

管理者："别着急，回来。麻烦你重复一遍。"

员工："您是要让我做这件事，对吗？"然后转身要走。

第三遍，管理者会解释任务的目的，并询问员工对目的的理解。

管理者："唉，别着急，回来回来，你觉得我让你做这事的目的是什么？"

员工："您让我做这事的目的大概是这样的……"说完目的之后然后又转身要走。

第四遍，管理者会引导员工思考任务执行中可能出现的意外情况，并讨论应对方案。

管理者："等等，你觉得做这件事会遇到什么意外情况？遇到什么情况向我汇报？遇到什么情况你能够自己做决定处理呢？"

员工："做这件事大概可能会遇到这几种情况，如果遇到这几种情况，我向您汇报。如果遇到其他情况我自己做决定，您看可以吗？"

第五遍，管理者会鼓励员工提出自己的建议和想法。

管理者："别急，我问你，如果让你自己做这件事，你有什么更好的想法和建议呢？"

员工："如果让我自己做，我的想法是这样的。"

这五遍讲完后，员工做事的结果会更有可能接近管理者想要的结果。

一个企业里最大的成本就是重做！有些管理者总是着急地说，赶紧去做吧！然后做完的结果呢，与整体的战略方向相差甚远，这时怎么办？要么从头再来一遍，要么将就着办。

通过上面的"安排工作五步法"安排工作，员工的执行力一定会提高，与此同时企业的运营成本也会降低。

052 象棋里的管理学

你会下象棋吗？其实，在中国的象棋里隐藏着很大的管理学问。

以下是象棋里面棋子"士"蕴含的管理学，中国的象棋中，棋子"帅"或"将"的旁边是"士"，那么"士"是指什么呢？

"士"是"帅"或"将"的贴身护卫，它的主要职责是保护主将的安全。在棋盘上，"士"只能在九宫格内移动，且只能沿着对角线走。这些规则看似简单，实则蕴含着深刻的管理学道理。

"士不出九宫"，这是"士"的第一个规则。九宫格代表着指挥部，而"士"作为参谋人员，其职责是在指挥部内为"帅"或"将"提供决策支持，而不是亲自到一线去执行任务。这就好比在企业中，高层管理人员应该专注于制订战略和规划，而不是亲自去执行具体的业务操作。只有明确了各自的职责和角色，才能确保团队的高效运作。

"支士"，这是"士"的第二个规则。在象棋中，"士"的移动被称为"支士"，这意味着它只能为"帅"或"将"提供支持和建议，而不能代替"帅"或"将"做出决策。这就好比在企业中，咨询人员应该为管理层提供专业的建议和方案，但最终的决策权掌握在管理层手中。咨询人员可以提供多个方案供管理层选择，但不能越俎代庖，代替管理层做出决策。

"士走对角线"，这是"士"的第三个规则。在棋盘上，"士"只能沿着对角线移动，这意味着它不能走直线，也不能走横线。这就好比在企业中，咨询人员应该保持独立和客观的立场，不能与其他部门或人员产生利益冲突。咨询人员应该从全局的角度出发，为企业的发展提供有益的建议和方案，而不是为了个人或某个部门的利益而做出决策。

总之，中国象棋中的"士"蕴含着丰富的管理学智慧。作为咨询人员，应该明确自己的角色和职责，为管理层提供专业的建议和方案，同时保持独立和客观的立场，与管理层保持密切的沟通和联系。只有这样，才能为企业的发展做出贡献。

053 打牌斗地主，管理大学问

"斗地主"这个游戏相信大家都不陌生，下面就深入探讨这个家喻户晓、广受欢迎的游戏——斗地主。这款游戏不仅以其独特的策略性和趣味性吸引了无数玩家，更蕴含了丰富的管理智慧和人生哲理。作为一位管理者，如果你用心思考斗地主的玩法就会发现，企业的管理之道与斗地主的精髓有着异曲同工之妙。

在斗地主中，"大王"是最大的单牌。"大王"象征着权威与力量，一旦出现在手中，获胜的概率就会大很多。然而，当我们手握"大王"时，又会如何使用它呢？

很多人会不假思索地选择用"大王"去压制"小王"。这是因为，在斗地主的规则中，"大王"压制"小王"似乎是天经地义的事情，既展示了权威，又符合游戏的逻辑。然而，经过深入思考，就会发现这种选择背后隐藏着更深的意义。

"小王"在游戏中代表着一种中坚力量，或许不如"大王"那般强大，但也有着不可忽视的地位。在现实生活中，"小王"可能代表着公司的中层管理者，如副总经理等。当作为领导者手握"大王"时，选择去敲打"小王"，其实是在提醒中层管理者需要承担更多的责任，需要更好地执行公司的决策。这种敲打并非无端的指责，而是对中层管理者的一种期望和要求。

然而，如果我们用"大王"去压制"3"，即企业的一线员工，那就显得失之偏颇了。虽然规则上并未规定"大王"不能压制"3"。但在管理中，却是大忌，管理者应该避免直接插手基层员工的事务。如果管理者频繁地对基层员工发号施令、指手画脚，不仅会降低自己的威信，还会破坏团队的凝聚力和协作精神。

因此，在管理中，管理者应该学会"大王不压制3"的智慧。当发现基层员工存在问题时，应该先找到他们的直接上级，通过沟通和协调来解决问题。这样既能保证问题有效解决，又能维护团队的和谐稳定。

除了"大王"和"小王"的关系外，斗地主中还有一个重要的问题值得关注，那就是"一张'王'厉害还是一张'3'厉害"的问题。很多人可能会不假思索地回答"当然是一张'王'厉害了"。然而，经过深入思考就会发现，在某些情况下，一张"3"可能比一张"王"更有价值。

比如，当我们手中有三张"3"时，我们会非常期待再摸到一张"三"，因为这样可以组成强力的炸弹牌，甚至可以击败一张"王"。这告诉我们，在企业管理中，一个合适的团队成员可能比一个能力出众但与其他成员不匹配的成员更有价值。

因此，管理者在选人用人时，应该注重团队成员之间的互补性和协作性。一支优秀的团队需要不同角色的成员共同协作才能取得成功。管理者应该根据团队的需要来选择合适的成员而不是盲目追求所谓的能力出众或经验丰富的成员。

最后，探讨一下斗地主中的"双王"现象。"双王"作为游戏中最大的牌，可以横扫一切障碍。这告诉我们一个道理：一个团结的班子才能产生巨大的威力。

在企业管理中，正职和副职之间的团结协作是至关重要的。只有当领导班子成员之间能够相互信任、相互支持、共同协作时才能形成强大的凝聚力和战斗力，从而推动企业的持续发展。

因此，应该注重培养领导班子的团结协作精神，加强成员之间的沟通和协调，确保他们能够形成合力共同应对各种挑战和困难。同时也应该注重培养员工的团队协作意识和能力，让他们能够在团队中发挥自己的长处，为企业的发展贡献自己的力量。

总之，斗地主不仅是一款游戏，更蕴含着丰富的管理智慧和人生哲理。深入思考和领悟其中的精髓，可以更好地应对生活中的各种挑战和困难，实现个人和企业的持续发展。

054 技术型创业者的缺陷

笔者曾经参加过一个项目讨论会，其中的一位朋友从事人工智能领域的工作多年，是纯技术背景出身，已经 50 多岁了，头发花白。

在聊天的过程中，笔者发现他是一位典型的技术型创业者，而且他的思维固化，比如他一直在强调自己的技术有多厉害，自己的算法有多厉害。但是，自己的产品是服务谁的，客户为什么买单，怎么拓展自己的大客户，他都没有说。

在他介绍自己和团队的时候，还在不断强调自己的数学有多好，自己团队的技术、研发实力有多强等。

这些年，笔者也接触过很多创业者，发现技术型创业者让人又爱又恨。技术型创业者，有几个明显的好的品质，就是专注、聚焦产品、心思单纯，一心想做好事情。

但是，作为领导者的技术型创业者，他们的缺点跟优点一样多，往往是一根筋，过于追求完美主义，也很容易沉浸、封闭在自己的技术世界里，一旦陷进去就很难再出来，容易钻牛角尖，过于固执和缺乏变通。这时候，最难受、最痛苦的就是投资人。

很多技术型创业者，只顾技术研发，而对产品运营、市场销售、投资、融资、公司发展方向的终局推演和日常的经营管理一窍不通，或者不想管。

以下是笔者的几点建议。

第一，技术推动世界，但商业改变世界。

技术只是工具，只是商业的手段，当然可以辩证地说商业是技术的工具。但不管承不承认，无论是谷歌创始人之一的拉里·佩奇也好，还是特斯拉首席执行官埃隆·马斯克也好，他们从伟大的科学家尼古拉·特斯拉身上学到的最大教训就是作为研发，只是企业的一个子集，纯粹比拼技术优势，不是商业世界的真相。

技术型创业者，要么学谢尔盖·布林，做好一名技术天才的本分工作，但如果想要做一家企业的领导者，那么务必要在其位，谋其政。

技术型创业者首先应当具备企业家的管理能力，技术专长只是其附加优势。因此，他们必须掌握企业经营管理所需的核心能力，其中最关键的是对市场趋势、用户需求和人性本质的深刻洞察。

第二，有完美主义的追求，但不能处处追求完美。

做企业不是做艺术品，技术型创业者必须克制自己的完美倾向，要更包容、更开放地看待自己的企业。如果希望自己的企业高速增长，那么完美与增长往往很难同时发生。

虽然技术型创业者有一些缺陷，但整体来说，技术型创业者还是很有潜力的。只要他们敢于突破自己的能力瓶颈，技术型创业者的发展空间还是很大的，也更有持久力。

近年来，我国大力提倡产、学、研一体化，鼓励科研人员去创业。在这个大背景下，会有越来越多的技术型创业者加入商业浪潮中来。

055 管理者如何激励核心骨干员工

在这个日新月异、竞争激烈的商业世界里，团队的力量是企业腾飞的关键。然而，我们却时常听闻一些管理者在团队管理中，轻率地抛出"你很优秀，只是不适合我们这个团队"的论断。这其实是一种极其不负责任的态度，更是一种对管理艺术的肤浅理解。真正的卓越管理者，应当深知如何运用巧妙的激励策略，使优秀的人才被重视。

在现代企业的管理实践中，如何有效地激励核心骨干员工已成为每一位管理者必须面对的重要课题。随着企业的逐步壮大，这些核心骨干员工往往成为竞争对手觊觎的对象，他们的一个决定，便可能导致企业的巨大损失。

曹操对关羽的厚待可谓举世皆知。他给予关羽极高的待遇，还赋予他极高的权力和地位。即便如此，关羽最终还是选择离开曹操，回到刘备身边。其中的原因，值得我们深思。

那么，刘备是如何成功地留住关羽的呢？同时，又是如何使诸葛亮这样的旷世奇才心甘情愿地为他效劳呢？其中的奥秘，就在于刘备深刻理解了人性中的需求层次。他明白，只有满足将领的基本需求，才能让他们感到满意；但只有满足他们的高层需求，才能让他们产生忠诚。

满意和忠诚，虽然都是正面的情感，但它们之间却有着本质的区别。当管理者给予员工物质上的满足时，他们可能会感到满意，但这种满意是短暂的，容易被更高的物质诱惑所动摇。正如管理者给了员工100万元，如果有人愿意给他110万元，他很可能就会毫不犹豫地离开管理者。这种满意，并不能转化为忠诚。

那么，什么是忠诚呢？忠诚是员工对企业、对事业的深深认同和热爱，是他们愿意与企业共患难、同发展的坚定信念。要培养员工的忠诚，就必须满足他们的高层需求，包括事业发展的空间、个人价值的实现、情感的认同和归属等。只有这些需求得到满足时，员工才会真正产生忠诚，才会与企业形成牢不可破的纽带。

有些公司在待遇上或许并不出众，甚至工作环境很差，压力很大，但他们的团队却非常稳定，所有的人齐心协力、勇往直前。其中的原因，就在于企业成功地满足了员工的高层需求，让他们对企业产生了深厚的忠诚。

对于底层员工和一线员工来说，主要以满足他们的基本需求为主，让他们在工作中感到满意；而对于核心员工来说，则要以满足他们的高层需求为主，让他们对企业产生忠诚。这就要求管理者在管理上要做到细致入微、因人而异。同时，管理者还需要在给予员工激励时注重仪式感，让他们感受到自己的价值和地位得到尊重和认可。

总之，在现代企业的管理中，如何有效地激励员工已成为每一位管理者必须面对的重要课题。只有真正理解了人性的需求层次，才能制订出有效的激励策略；只有满足了员工的高层需求，才能培养出忠诚的员工队伍；只有拥有了忠诚的员工队伍，企业才能在激烈的市场竞争中立于不败之地。

056 古代管理者的用人之道

刘邦平定天下后，与谋士们的一段对话，不仅揭示了他对管理的独到见解，也为今人提供了宝贵的启示。

刘邦坦然承认自己在某些方面不如他人。他说："我自知在出谋划策上，不如张良之深谋远虑；在战场上驰骋，不如韩信之英勇善战；在管理内政、稳固后方上，不如萧何之细致周到。"刘邦话音刚落，四座皆惊，众谋士纷纷表示不解。他们疑惑地问道："主公，您这话太过谦虚了。若真是如此，您又是如何统一天下的呢？"

刘邦微微一笑，话锋一转，他说道："这三位，皆是人中豪杰，世间少有的人才。然而，我能将他们聚集在我的麾下，共同为统一天下而努力，这便是我的过人之处。"他的话语中透露出一种自信与从容，仿佛已经看穿了管理的本质。

"你们看这三人，虽然各自有着非凡的才能，但他们都在为我效力，听从我的号令。我若不给予他们应有的待遇和尊重，他们又岂会心甘情愿地为我效力？"从刘邦的话语中可以看出，他懂得如何激发他人的潜力，让团队的力量得到最大的发挥。

通过这个案例，可以引出一个管理基本规律：管理的本质就是通过别人来完成工作任务。

一位优秀的管理者，并不一定要在所有方面都比别人强。他需要的是一种眼光，一种能够识别人才、运用人才的眼光。他需要的是一种智慧，一种能够激发团队潜力、凝聚团队力量的智慧。他需要的是一种胸怀，一种能够包容不同声音、不同意见的胸怀。

假如一位管理者事无巨细什么工作都要亲自过问、亲自操办，那么他不仅会身心疲惫，还会错失许多发展的机会。因为一个人的能力是有限的，他无法同时兼顾所有的事情。而一位懂得管理的管理者，他懂得将任务分配给合适的人去完成，懂得信任他的团队，让他们去发挥自己的才能和潜力。

这样的管理者，他的事业才能够蒸蒸日上，他的团队才能够越来越强大。

因为他懂得借力，懂得用团队的力量去实现自己的目标。这样的管理者，才是真正的领袖，能够引领团队走向成功，创造辉煌的业绩。

当然，管理并不是一件容易的事情。它需要管理者具备丰富的知识和经验，需要管理者具备敏锐的洞察力和判断力。但是，只要管理者能够把握住管理的本质——通过别人来完成工作任务，就能够成为一位优秀的管理者，引领团队走向更加美好的未来。

在今天这个竞争激烈的时代，管理的重要性更加凸显。一位优秀的管理者，不仅能够带领团队取得成功，还能够为社会的发展做出贡献。因此，管理者应当从刘邦的故事中汲取智慧，不断提升自己的管理能力，成为一个真正的领袖人物。

057 管理者需平衡基础绩效和高绩效

一些管理者在创业的过程中一直存在着一个困惑，就是公司的业绩虽然还不错，但是团队始终留不住人，往往员工培养得差不多了，结果还是走了。

管理者经过大量的调研与仔细地询问并分析，得出的结论是公司的绩效考核出了问题，即公司的绩效考核只做减法。什么叫作只做减法呢？就是没有鼓励和认可的考核。也就是从一开始，管理者就没有搞清楚绩效管理的原则是什么。这也是许多企业管理者的通病，混淆了基础绩效和高绩效，管理者从根本上对绩效的理解出现了偏差，这样一来，绩效考核的方法一定也是错的。

那什么是基础绩效呢？

基础绩效就是管理者付工资给员工，来交换他的劳动价值，比如：

运营——就是要把日常的项目安排好，准时交付给客户。

财务——就是要把财务报表准时准确地提交给领导。

这些工作的产出，不需要放在绩效管理体系中来考核，这是维系公司运作的基本功能，已经用工资交换过了。

如果员工达不到，就是不符合岗位的职责要求。

管理者如果对这部分进行考核，而且从工资中切割一笔奖金出来，那是不是就是在做减法呢？而且这是多此一举的事情。如果基础绩效都做不到，那么就必须换人了。可是管理者扣点奖金，继续用这样的员工，给员工传递的信息是什么呢？是不是可以理解为，干不好不要紧，扣员工的资金就行了？

在这样的管理体系下，公司很难有好的效益。另外，管理者的时间都用来考核基础绩效了，哪里还有时间去关注、聚焦真正的高绩效呢？

管理者真正要关注的应该是高绩效，就是对公司的战略达成做出贡献的那部分绩效。

比如，业绩的超标、产品的革命性创新或者是效率的持续提升等。因为这是超越基础绩效的部分，必须用绩效考核来聚焦员工的关注度，就像导航一样，不要跑偏了。同时，必须用基本薪资额外的奖金预算来奖励那些高绩效的团队和个人。

一般来说，奖金的部分要达到全年基本薪资的 10%～20%，才能对团队人员起到激励作用。切不可把基本工资减少 10%～20%，然后来做高绩效部分的奖励。那不是奖励和认可，而是在惩罚和打击员工对高绩效的主动性。

有的管理者可能会说："如果要是加奖金我还用你说吗？我也会，关键是现在没有钱加奖金，该如何让员工完成更好的绩效呢？"

那么这充分说明一点，管理者在定岗位薪资预算时就没有考虑清楚，这就是管理者失职的表现。

058 这四种人做了管理者公司后患无穷

在企业管理中，人才的选拔与晋升决定着企业能否长期、稳定、快速发展。所以，选拔合适的管理者至关重要。然而，以下这四种人在选拔时应慎重考虑，甚至坚决避免将其提拔至管理岗位。

第一种，踏实肯干，但思维僵化、缺乏灵活应变能力的人。

踏实肯干，但思维僵化、缺乏灵活应变能力的人，在基层岗位上能够兢兢业业、恪尽职守，但是当他们被提拔至管理岗位后，往往会面临巨大的挑战。

他们可能难以处理团队中复杂的人际关系，也难以理解领导的意图，更无法处理那些错综复杂的问题。

他们往往没有办法区分出工作的优先级，反而会弄得一团糟，管理者还非要让他把工作捋出一个主次来，他可能做不到。

比如，一家网络公司，他们曾经提拔过一名在技术领域表现非常出色的员工为项目经理。然而，这个人只擅长钻研技术，缺乏人际交往能力和战略眼光。被提拔为项目经理以后，他所负责的项目推进非常缓慢。久而久之导致团队士气低落，最终客户也逐渐对他失去信心。这个例子告诉我们，不是每个人都适合当管理者，应该根据每个人的特点和能力来合理安排他们的工作岗位。对于这类员工，我们应当尊重他们的专业能力，但不宜将他们提拔至管理岗位。

第二种，道德感特别低的人。

这种人在追求个人利益时，往往不择手段，做事情时也没有底线，甚至会牺牲公司和团队的利益。如果公司尤其是在创业初期时，可能面临人才短缺的问题，但即使在这种情况下，也不能将道德感低下的人提拔至关键岗位。

因为一旦这种人获得权力，他们的破坏力将会超出我们的想象。

千万不要因为他们的能力很强，就不断提拔他们，给他们权力、给他们资源，那最后的结果就是，这种人很可能会把公司拖向万劫不复的深渊。这种人的位置有多高，对公司的破坏就会有多大。

有一家做 ToB 业务的公司，他们提拔了一个销售业绩非常好的员工为销售总监。一个季度后公司的业绩的确有了明显的提升，但好景不长，半年后他的业绩就开始逐渐下降，公司的利润也跟着下滑。后来发现这位总监在提升销售业绩的过程中，不择手段地损害客户的利益，导致公司的声誉严重受损，流失了很多客户。不到一年的时间，公司的利润由原来的缓慢增长变成了负增长。

这个例子告诉我们，在提拔一个人为管理者时除了考查这个人的业绩能力，更主要的是要考查这个人的道德水准。

第三种，只追求权力的人。

一个只追求权力的人头脑里想的都是权力，他的眼睛里看的也是权力，他嘴里说出来的基本上也都是权力。这种人，为了权力，可以不择手段，为了争夺权力而踩低捧高、践踏他人利益，甚至不惜损害公司和团队的利益。这种人是一个精致的利己主义者。

这种人一旦获得权力，下属就会遭殃。他们可能会利用手中的权力为自己谋取私利，甚至背叛公司和团队。

比如，曾经有一家做教育培训的机构，从市场部门提拔了一名能力出众但野心勃勃的员工作为分校校长。然而，上任后不久，分校校长就开始利用职权谋取私利，排挤异己，导致校区内部矛盾重重，钩心斗角，结果就是校区业绩下滑。校区连续两年利润负增长，最终不得不关闭了那个校区。这个例子告诉我们，对于那些只追求权力的人，我们应当保持高度警惕，切勿把他们提拔至管理岗位。

第四种，情商低的人。

做管理很多时候就是研究人，管理者只要把人研究透了，事情也就好做了。但情商低的人往往难以理解和满足他人的情感需求，也难以妥善处理人际关系。在管理团队时，他们可能会因为缺乏同理心和沟通能力而导致团队氛围紧张、士气低落。即使他们拥有再高的专业技能和知识水平，也难以成为一个优秀的管理者。

比如，有家科技公司提拔了一名技术专家作为技术部门的经理。但是由于他情商较低，没办法与团队成员建立良好的沟通关系，结果团队内部矛盾重重，项目进度受阻，还不如提拔他之前的进度快。换了几个项目后，发现依旧如此，并且公司还丢失了一些客户。

这个例子告诉我们，对于那些情商低的人，在提拔时应当慎重。有的时候，这种人任劳任怨干了很多事情，但是为什么让他带团队，团队的人都那么讨厌他？只要有他在，团队就很压抑，团队成员就没有积极性，他只要一不在，团队成员的积极性就会恢复。

与其这样，不如不要给他这个权力，就让他专注地、兢兢业业地去做好自己的技术岗位就可以了，不要让他做管理者。

所以，选拔合适的管理者是企业成功的关键。在选拔过程中，切记以上四种人坚决不要提拔做管理者。同时，管理者也应当注重培养和提高员工的综合素质和能力，为企业的发展提供有力的人才保障。

059 领导者要管理好身边人

《西游记》中蕴含着管理智慧，其被视为以神话映射人性、以古事诠释今理的经典之作。

唐僧师徒在取经的路途中，遭遇了形形色色的妖魔。深入分析后，会发现一个有趣的现象：那些小妖小怪多是当地的妖怪，而那些兴风作浪的老妖大魔，则往往来自天上。

有的妖怪是菩萨的坐骑，通俗地说就是"司机"。有的妖怪相当于"秘书"。甚至包括太上老君的烧火童子，就好比现代的服务人员一般。

这些角色，虽然身份各异，但都与高层领导有着某种关联。

这些妖怪有一个共同特点，就是都拥有双重面孔。在领导面前，他们如清风明月般温文尔雅，表现得十分礼貌；然而一旦面对人间的老百姓，他们就变得青面獠牙，犹如要吃人的猛兽，完全展现出另一副面孔。这种两面人的形象，无疑是对当时社会中某些现象的深刻讽刺。

吴承恩也在提醒领导者，务必保持警惕，不要被表面的假象迷惑。那些在领导者身边看似礼貌、乖巧的人，可能只是在领导者面前展现出的模样。一旦他们面对基层员工，其真实面目便会暴露无遗，变得面目可憎。作为领导者，如果无法妥善管理身边之人，基层的秩序和稳定必将受到威胁。

吴承恩的《西游记》中，对领导者管理身边人的智慧进行了深刻的揭示。他提醒领导者，必须严格管理自己身边的人，防止他们出现"两张脸""变脸"的情况。

060 管理者切忌过度使用专业术语或行话

在日常工作交流中，特别是在探讨管理、运营和经济学等主题的课程里，"认知"和"底层逻辑"这两个词频繁出现。这未免会让很多人产生疑问：频繁使用这些专业术语就能显得自己更专业吗？

有不少新晋管理者，在企业内部沟通时，过度使用专业术语。

笔者曾在一次会议中听到，一位管理者在不到十分钟的时间里多次提及这两个词。暂且不论对方的沟通、表达和逻辑能力，也不谈其知识储备，但有一点是明确的，那就是沟通时应当直接、清晰、易于理解。

关于"认知"，其实更重要的是认知过程，也就是一个人如何形成自己的认知能力。这通常源于个人的经历和阅历。

如果一个人没有丰富的经历和深刻的思考，那么他所谈论的"认知"恐怕也缺乏深度。因此，与其空谈"认知"，不如多花时间在实战中提升自己，积累经验。

关于"底层逻辑"，虽然重要，但并不意味着在日常交流中需要频繁使用。它更多的是一种思维方式，用于从事物的本质出发，寻找解决问题的路径。

在商业领域，腾讯和阿里巴巴的成功，就是基于其独特的底层逻辑。然而，在实际工作中，我们很少听到这些公司在重要会议中使用"底层逻辑"这个词。相反，他们更注重实际问题的解决和策略的制订。

在多数场合，特别是在大型商业发布会或路演中，确实能偶尔听到某些专业术语或流行词汇的频繁使用。然而，那些过分热衷在口头提及这些词汇的人，往往并没有真正地了解这些词汇背后的深意。

因此，当与人交谈时，若对方总是不断重复这些词汇，或许我们可以考虑适时地结束对话了。若对方是初次相识，不妨以礼貌的方式表达自己的观点，比如："非常抱歉，我深感自己与您所探讨的深层次话题存在差距。或许您的见解更适合那些对此有深入研究的人士。为了不耽误您的时间，我将先行告退。"这样的表达既体现了尊重，也避免了误会。

笔者认为如果在与他人的交流中，对方频繁使用"认知"和"底层逻辑"这两个词，却未能提供实质性的内容或见解，那么这样的沟通可能是无效的。

所以，建议一些管理者在开会布置任务时或部门沟通会议时，应尽量使用简单、直接的语言，避免过度使用专业术语和行话。同时，也要保持开放的心态，乐于倾听他人的观点和学习他人的经验。

061 管理者要做好目标管理

什么是目标管理呢？目标管理就是以目标为导向，以人为中心，以成果为标准，促使组织和个人取得最佳业绩的现代管理方法。通俗地说，目标管理就是在企业员工的积极参与下，自上而下地制订工作目标，并在工作中实行以自我驱动的形式，自下而上地保证目标实现的一种管理办法。

那么，企业进行目标管理的目的是什么呢？

主要目的有以下五点。

第一个目的：目标统一，劲儿能往一处使。

目标管理的优势就是尽量减少和消除由于部门划分、岗位职务、角色定位等原因，引起的公司总目标的扭曲和偏离。具体实施时，根据目标的重要性和紧急程度确定优先顺序。执行完成后还要做好反馈、复盘工作。

第二个目的：员工能够充分地在各自的岗位层面上工作。

管理者在管理者的层面上工作，下属在下属的层面上工作，在企业中各自在各自的层面上工作，对于提高工作效率和实现目标是十分重要的。

管理者的层面主要集中在计划、监督、激励、领导、辅导和重要业务问题的处理上。

下属的层面主要集中在计划的执行、业务的开展、事务的处理上。

只有各司其职，才能有较高的工作效率和绩效。那么，有了目标管理，管理者以目标为核心，对下属实施管理；下属以目标为核心，自主地开展工作。只有这样才能充分发挥出每个人的最大价值。

第三个目的：能够激发员工的主动性。

目标是经过管理者和员工共同制订的，也是员工自己认同的，这样制订出的目标，员工在执行时是无抵触的或很少抵触的。

共同参与制订目标的优势就是了解相互的期望，使下属充分了解目标，能够激发下属的工作热情和积极性，下属也比较认同共同制订的目标。

第四个目的：每个人的工作都能够抓住重点。

在工作过程中每个部门的负责人和下属都会面对大量的工作。在这些工作中，必须采用"二八法则"，分清哪些重要，哪些不重要，哪些是高效益的，哪些是低效益的，哪些对绩效的贡献最大，哪些贡献不大。

目标管理要强调一个阶段的工作，最好设定 1～3 个对企业贡献最大的目标，抓住这几个目标，80% 的企业目标就可以达成。

第五个目的：能够明确考核数据。

目标管理最大的优势之一就是考核的依据明确。考核者和被考核者都可以预计未来，即可以预计做到什么程度，可以得到什么样的评价，什么样的结果是好的评价，什么样的结果是不好的评价。这样就可以实现事先引导人的行为，避免事后"盖棺论定"或"追认"的被动考核。

以上这五点就是企业进行目标管理的主要目的。

企业或团队如果想要做目标管理，建议把目标管理分为五个阶段进行。

当企业或团队的最高层管理者确定了目标后，必须对其进行有效分解，转变成各个部门以及个人的子目标。管理者再根据子目标的完成情况对下级进行考核、评价和奖惩。

这五个阶段如下。

第一阶段：设定目标，就是你想要什么。

第二阶段：分解目标，就是你要做什么事情。

第三阶段：制订计划，就是你准备什么时候做。

第四阶段：执行计划，就是你要怎么做事情，你的策略是什么。

第五阶段：回顾总结，就是接下来你要怎么做。

最后，笔者给各位推荐一个最重要的目标管理工具——SMART，这个工具在设定目标时发挥着重要作用。同时，在团队或公司管理中，作为绩效评估的工具，同样具有不可忽视的价值。

SMART 工具是我们制订目标的得力助手。其每一个字母都蕴含着对目标的核心要求，确保我们设定的目标既具体又可行。SMART 工具的五个字母含义如下。

- S——specific，具体的。
- M——measurable，可衡量的。
- A——attainable，可实现的。
- R——relevant，相关联的。
- T——time-bound，有时限的。

在团队和组织中，目标种类繁多，无论是业务部门、非业务部门、内部运营部门还是行政部门，每个部门的目标都有其独特性。然而，无论目标如何多样化，都应确保它们遵循一个基础原则：可达成性。只有满足这一条件，制订的目标才是有效的。

若制订的目标未能满足这一要求，请务必进行细致地审查和调整。此外，为了确保组织目标的统一性和有效性，整个组织的所有目标都应符合 SMART 原则。只有这样，制订的目标才能真正称为"好的目标"。

需要强调的是，在与员工讨论目标时，务必与他们共创目标，而不是单方面制订后通知他们。共同制订的目标将更有动力和意义，也更有可能被员工接受从而实现。

062 好的激励制度具有四个特点

作为企业管理者,你知道如何激励企业员工吗?很多管理者,喜欢设计各种奖金和福利来激励员工。

好的激励制度一定是简单的、有震撼力的,而且包含着以下四个特点。

第一,鼓励员工为公司创造长期价值。

例如,在竞争激烈的市场环境中,充斥着各类质量参差不齐的产品,消费者可能遭遇假货的困扰。然而,公司始终坚守诚信的底线,坚持使用真材实料打造每一件产品,但是这造成了成本过高的问题,可能间接导致产品销量不高。

因此,在设定员工的奖金时,管理者不能只以销售额作为唯一的衡量标准。相反,更应看重客户的反馈和市场的认可。客户的重复购买率、新客户的开拓数量以及他们对产品的满意度,都是衡量员工工作成果的重要指标。这些指标不仅反映了产品的品质和市场竞争力,也体现了员工在客户服务、市场开拓等方面的努力和贡献。

第二,按实际贡献拉开薪资差别。

薪资是对员工价值贡献的直观体现。在薪资发放上,管理者必须坚决按照每位员工的实际价值贡献拉开差距,确保每一分薪酬都与其付出成正比。管理者应当摒弃按级别定薪、按级别发奖金的陈旧观念,一切以员工的实际贡献为衡量标准。

在相同职级内,对于少数做出卓越贡献的员工,管理者应给予显著的薪资激励,他们与普通员工之间的薪资差距甚至可以达到 2～5 倍。这样的差异并非不公,而是对他们卓越贡献的认可与奖励。同时,管理者也不应有任何心理障碍,因为这是对努力和能力的认可。对于那些未能达到预期价值贡献的员工,管理者应坦诚沟通,明确改进目标。

第三,奖金不设上限。

对员工的奖金不应该设置上限，这样员工就不会为自己创造价值设置一个上限。

第四，鼓励员工积极践行公司的核心价值观。

鼓励员工主动参与找到更大的业务机会、主动思考和创新、主动分享和合作等。

那么，构建一套非金钱的奖励认可机制至关重要，用以表彰和鼓励员工在公司中展现出的与价值观相契合的行为。这种认可不仅只是点赞和鼓掌，更应成为公司文化的重要组成部分。

这类激励的频率至少应达到每季度一次，确保及时性，让员工感受到他们的努力和价值被持续关注和认可。同时，在内部会议、员工大会等场合，分享员工践行价值观的具体案例和故事，将这些优秀行为作为典范，进一步促进公司文化的落地。这样的做法不仅能够激励员工持续进步，也有助于塑造积极向上的企业文化氛围。

063 管理者要积极打造敏捷组织

在一个层层审批的组织里,对于重要客户的要求,管理者是否真正思考过公司通常需要多久来应对这一需求呢?

下面是一位在大公司工作多年的员工亲身经历的案例。

他在上一家公司任职期间,有一位至关重要的客户,在即将签订一份关键订单前,客户提出了一个请求。客户希望到生产一线参观,深入了解公司的质量控制体系,以确保安全生产得到真正执行。

面对这一请求,客户总监表示需要向上级汇报。随后,这个请求被逐级传达,从销售副总裁到生产副总裁。然而,生产副总裁以进入车间查看监控流程违反《生产安全条例》为由,拒绝了这个请求,并给出了诸多理由。

面对这样的拒绝,客户建议客户总监再次向更高层领导申请。最终,这个请求被提交给了全球首席运营官,首席运营官迅速批准了这一请求。但由于这一流程横跨三个时区,耗费了整整两天时间。

当客户总监急忙向客户传达这一好消息时,客户却表示在这两天里,他们已经找到了另一个供应商,并已经参观了他们的生产基地,对其安全生产监控流程表示满意。由于时间紧迫,他们决定将这次的订单交给另一个供应商,并承诺下次有需求时再考虑该公司。

这个案例深刻地揭示了及时响应客户需求的重要性。在竞争激烈的市场环境中,任何延误都可能导致客户流失和订单丢失。因此,企业应当建立高效、灵活的决策机制,确保在第一时间满足客户的合理要求。

那笔订单的价值高达两千万美元,销售团队辛苦跟进四五个月,最终却因层层审批而功亏一篑。

此事过后,公司总部迅速调整了授权流程,试图亡羊补牢。从这个案例中管理者必须认识到,再好的流程也不如及时处置来得重要。员工角色需从被动接受任务,转向主动创新、主动承担责任、热情服务客户,这是快速满足客户需求的关键。

无论企业规模大小，流程固然重要，但并非全部。激发每位员工的主观能动性，从高层到基层，这是选人、用人的核心。优秀的人才与灵活的流程相结合，方能推动企业快速前行。

现代企业作为灵活性组织，其发展维度已超越科技生产力的范畴。人类用了几千年从农业时代步入工业时代，几百年便进入信息化时代，再到今天的知识经济时代，仅花了几十年。这个时代变化之快前所未有。转型升级不再是选择，而是必然。只有超越外部变化的速度，个人和组织才能赢得未来。

作为管理者必须清晰地认识到，如今已经迈入了敏捷时代。敏捷时代要求我们对"敏捷"有深刻地认识。这里的"敏捷"包含战略和运营两个维度。组织中的每个职能部门、每个层级都需关注外部变化，无论是技术、客户、竞争对手还是那些尚未显现的威胁。

因此，企业的人力资源部门需协助组织培养主动意识，密切关注外部变化，理解外部变化对企业战略和运营带来的挑战。在这个快速变化的时代，组织的灵活性和快速调整能力至关重要。若无法做到，将面临淘汰；若做得优秀，将赢得巨大的竞争优势。即便是大象，也需学会灵活奔跑。为了实现敏捷，管理者需深思组织僵化的根源。

组织僵化的原因主要体现在以下三个方面。

第一个方面：预算及业绩指标缺乏调整机制。

通常企业的预算及业绩指标，是年初制订、年中执行、年底考核。全年运行过程中，即便看到外部环境的变化，也不能灵活调整预算及业绩指标。在这样的机制下，即便想敏捷，也是心有余而力不足。

第二个方面：组织层级过多及决策速度迟缓。

如果组织层级过多，从基层一线一直传导到最高层，层层汇报，这样的过程不仅缓慢，信息还被层层上报。信息经过每一层的加工、过滤、调整，领导看到的信息和一线实际发生的并非一致，甚至是面目全非的，而一些数字化的组织自上而下最多四层，决策十分迅速。

第三个方面：部门协同不力，信息沟通不畅。

随着竞争日益激烈，客户要求越来越高，单一的产品及服务已不能满足要求。想要做到端到端的极致客户体验,组织内部就必须做到跨部门、跨职能、跨层级、跨区域的高度协同。但在条块割据、各自为政的科层式组织里,工作协同及信息沟通都很难实现。

知易行难,那么,该如何推动组织真正做到敏捷呢?以下五点建议供读者参考。

第一,达成高层共识。

推动组织转型必须从头开始。这就需要人力资源部门帮助组织的核心高层深刻地认识到,在这样一个复杂多变、充满不确定性的时代,组织的敏捷能力、快速决策的能力是至关重要的。

第二,引进关键性人才。

高层管理者及人力资源部门要帮助组织引进转型过程中需要的关键性人才。每个企业都需要数字化技术推动组织转型,有没有合适的数字化人才是关键,尤其是数字化工作的负责人,必须能够与业务部门合作,具备用户意识,真正从终端消费者的角度出发。

第三,寻找转型的中坚力量。

转型过程中要推动一个组织发展是有难度的,需要有抓手。任何组织不管多大,真正影响其命运的总是一小部分人,将这部分人找出来,放在合适的岗位上,是非常重要的。在选择这些人的时候,不能论资排辈,而是看其是否具备推动转型的能力。

第四,人才实时追踪。

人力资源部门要能借助数字化的方法,实时了解每位员工的工作目标、进展情况、行为动态,了解每位员工的特点,真正做到人岗匹配。人力资源部门要识别出那些未来能够为组织做出巨大贡献的员工。

第五,试点实验。

高层管理者需要有迭代的理念,在探索未知的过程中,可以尝试选择一个项目、一个业务做试点,或者组建一支团队,实验新的运营及决策机制。

试点实验是非常重要的探索组织敏捷的方法。在快速变化的时代,组织敏捷不是一种选择，而是一种必然。如果真正做到了敏捷，这必将成为企业的核心竞争优势。

对于高层管理者和人力资源部门来说，推动企业转型，打造组织的敏捷能力，是时代的召唤，也是组织赋予的使命。

064 空降管理者的生存法则——软着陆

在职场中，对于"空降"的管理者而言，其面临的挑战尤为艰巨。管理者不仅需要迅速了解并熟悉企业或部门的情况，还需在此过程中妥善处理好人际关系，并带领团队完成公司设定的目标。

作为"空降"管理者必须掌握"软着陆"这个法则，否则很难在新团队中立足。

软着陆，即先逐步渗透，再确立标准，随后跟进过程，最终取得成果。软着陆旨在避免刚上任急于求成，反而导致失败。

有些人一到新岗位便急于召开会议，宣布自己将带领团队，并强调自己的高标准。接着，阐述自己的管理风格，要求团队成员适应，并指出上月的业绩不佳，并设定本月需达成的目标，这种做法被称为"硬着陆"。

硬着陆意味着管理者一到任便急于制订标准，这往往适得其反。因为团队成员可能因反感而不认同新管理者，产生抵触情绪。

那么，软着陆应如何进行？新管理者初来乍到，应保持谦逊，首先研究部门数据，了解团队情况，以及团队成员的个人能力与表现。

在了解的基础上，新管理者应通过观察进一步验证所了解的情况，随后与团队中的核心成员及意见领袖进行沟通。沟通是软着陆的关键环节。

接着，开始缓慢渗透，将自己的管理理念和标准逐步引入。初到团队时，不必急于亲自主持会议，可旁听副手或助理主持的会议，并在适当时候提出见解。

在渗透过程中，新管理者应观察团队成员的反应，逐步树立标杆。对于按照新方法执行并取得成效的成员，应给予肯定和鼓励，并让其分享成功经验。

当团队成员开始接受并实践新方法时，新管理者便可开始制订标准。此时，团队成员已看到新方法带来的成效，因此更易于接受新标准。随后，便可进入常规流程，跟进过程，取得成果。

065 管理者如何让员工有自驱力

如何让员工具有自驱力？管理者一旦掌握这一技巧，将能更轻松地带领团队成长。

在很多公司，新员工入职后，通常会由部门领导告知其岗位职责、工作内容和绩效标准等。然而，在一些互联网公司，会发现一个不同的现象。当新员工入职后，首要的工作不是直接接受指派，而是打开飞书，了解其他部门的目标与关键结果（Objectives and Key Results，OKR），从而明确公司整体目标和部门的主要职责。

接下来，新入职员工需要思考并为自己设定一个合适的OKR，根据招聘岗位的描述，结合个人的理解和目标，自主规划自己的工作。完成后，再与领导进行沟通，确保双方对工作目标有共同的理解。

这种自我驱动的工作模式在阿里巴巴等大型企业也很常见。现在的年轻人更倾向于主动发现工作机会，而不是被动等待领导的指派。他们会在入职后的短时间内，自我探索并找到适合自己的工作方向。

管理者可能会担心，自我驱动模式下工作的员工是否难以管理？但实际上，这正是与其他公司在招聘策略上的不同之处。很多公司招聘时更注重的是员工能否按照指示完成工作，而往往忽视了员工的自我驱动力。而真正的大公司，更倾向于招聘具有自我驱动力的"成年人"。

这里的"成年人"并非指年龄，而是指那些具有明确职业目标、能够自我驱动、追求个人价值和成长的员工。他们知道自己想要什么，并会主动发挥自己的价值，积极积累经验和实现自我成长。

与那些只追求薪资、缺乏自我驱动力的"未成年人"相比，这些"成年人"更加值得公司培养和重用。因此，在招聘过程中，筛选出具有自驱力的"成年人"至关重要。这也是确保团队高效运作、持续发展的关键所在。

接下来将深入地探讨能够激发员工自驱力的OKR。

首先，明确OKR的定义。OKR是目标与关键结果的缩写，它简洁而直观。

其中，"O"代表 objectives，即目标。它明确了我们想要达到的方向或期望达成的状态。

"KR"则代表 key results，即关键结果。它指的是为了达成目标，我们需要完成的关键任务或取得的关键结果。

OKR 实际上是一套整合了目标与执行步骤的管理工具。其中，目标设定了方向，即"我要去哪里"以及"我的目标是什么"；关键结果则细化了达成目标所需的行动，即"我需要做哪些事情"。

每一个目标都有其相关联的关键结果。OKR 帮助我们解决了管理过程中的两大难题：既要确保事情有结果，又要关注过程。通过 OKR，我们可以将任务的结果与过程紧密结合，确保两者相互支持、相互促进。

简而言之，目标是结果，关键结果是过程。OKR 不仅适用于工作领域，还可以应用于生活的各个方面，包括个人成长与发展。希望读者能够深入理解并应用 OKR，以激发自身的自驱力，实现更高的成就。

那么，OKR 具体应该如何操作呢？

OKR 的实施步骤主要体现在以下两步。

第一步：明确公司的愿景和目标。

在明确了公司的愿景和目标后，需要制订半年到一年的短期目标，这些目标应该涵盖市场目标、经营状态的期望目标等。

第二步：将年度目标进行拆解。

通常，公司在每年的 11 月左右开始制订下一年度的工作目标，其中会包含详细的工作计划和公司预算。制订好年度计划后，我们就可以将其拆解为月度的 OKR。一般来说，每月的 OKR 目标定为三个最为适宜，过多的目标可能会分散工作重心，打乱员工的工作节奏。每个目标下，一般会有两到三个关键任务，这些关键任务就是员工日常需要完成的工作结果。

通过逐步完成这些关键任务，员工就可以逐步接近目标，并最终实现月度目标和年度目标。

在实施 OKR 时，我们应该避开以下四个方面的误区。

第一，制订公司年度计划和预算时，务必与员工充分沟通，而不是仅凭管理层的意愿设定盈利目标。

第二，明确任何工作都应以实现目标为核心，公司的盈利是最终的考量标准。

第三，强化员工的工作协同能力，因为团队的力量远胜于个人的力量。

第四，给予员工充分的信心和鼓励，让他们敢于展现自己的能力。记住，OKR 不仅是为了考核员工的绩效，更是为了帮助他们树立目标意识，激发他们的工作热情。

许多人喜欢在年初、月初或其他特定时间为自己设定目标，比如计划阅读 100 本书或减肥 20 斤。但往往到年底，这些目标并未实现。

从 OKR 的角度看，目标未达成并非因为执行不力，而是可能在设定目标时就存在问题。接下来，笔者将用 OKR 的方法去分析目标未达成的真正原因，并教读者如何设定更实际、可达成的目标。

比如，阅读 100 本书或减肥 20 斤，听起来像是一个目标，但实际上它只是一个衡量指标。真正的目标应该是具有美好愿景和价值的，如 "2024 年，我将通过合理的锻炼和饮食来有效管理体重，提升个人魅力和健康水平"。在这个例子中，减肥 20 斤只是实现目标的一个关键结果。

同样地，阅读 100 本书也只是一个行为指标。真正的目标应该是通过阅读特定领域的优质图书来提升自己在某方面的知识和能力。如将目标设定为 "通过阅读经典和畅销的投资类书籍，提升对投资的整体认知，并通过实践取得一定成果"。这样，阅读 100 本书就成为实现目标的一个关键行为。

在设定这样的目标后，在选择书籍和阅读时就会更有针对性，知道自己从书中应该收获什么。

接下来，笔者将详细地讲解 OKR 中目标的设定关键点。在制订 OKR 的过程中，如何制订目标，需要注意哪些细节，以及如何写出最佳的目标与关键结果。

首先，让我们聚焦如何写出一个最佳的目标。目标本质上是对组织发展方向的定性追求描述，它回答了我们 "应该做什么" 的问题。在撰写目标时，应考虑以下几个关键特征。

第一，目标应具有鼓舞性。一个优秀的目标能够激发团队成员的士气，促使他们追求更高的业绩。团队成员应被目标所蕴含的挑战性和感染力激励，从而激发他们的创造力和工作潜力。

第二，目标应具有可实现性。在制订目标时，团队需要找到理想与现实的平衡点。目标不能过于容易实现，也不应遥不可及。这一点可以通过后续的 OKR 实施评分来检验目标的合理性。

第三，目标应明确时间范围。时间范围可以是季度、月度或其他周期，具体取决于组织的业务需求和团队的工作节奏。明确的时间范围有助于团队成员更好地规划工作进度和衡量成果。

第四，目标应在执行人的可控范围内。这意味着目标可以通过团队的自身努力和协作来影响其结果。团队成员应对要实现的目标具有足够的掌控力，以便在面临挑战时能够灵活应对。

第五，目标应具有商业价值。对于企业而言，追求利润最大化是最终目标。因此，一个好的目标应当能够产生商业价值，为组织带来实际收益。

第六，目标应作为定性方向存在。目标描述了希望完成的事情，因此应使用定性语言来描述。而关键结果则使用数字来衡量目标的实现情况。这是优秀目标所应具备的特质。

在创建目标的过程中，特别是在制订目标时，需要重视以下六个方面。

第一，确保制订的目标既具有挑战性，又能与组织和团队的能力相匹配，力求实现最大的潜力发挥。

第二，制订目标时，应使用积极正向的语言。研究表明，积极正向的语言能够激发人们的创造性和积极性。

第三，在设定目标的过程中，应提供简单的指引。因为企业和个人的欲望都是无限的，设定一个思考边界有助于更高效地创建目标。

第四，一个好的目标应该以动词开头。因为动词能够让目标更加生动、灵活，也更易于实现。

第五，考虑战略实施的困难。企业的战略实施总会面临各种挑战，将最困难的部分设定为目标，有助于更好地应对挑战，从而推动战略的落地。

第六，使用通俗易懂的语言来描述目标。通俗易懂的语言能够让更多人理解和传播目标，对目标的实现具有非常重要的价值。

以上是OKR中目标的写法，接下来将详细地讲解如何撰写OKR中的关键结果。

在理解了目标与关键结果的关系后，我们已经知道关键结果是实现目标所需完成的关键任务。因此，一个优秀的关键结果应该具备以下六个特征。

第一，关键结果必须是定量的。目标可以是定性的，代表我们期望的方向，但关键结果必须具体可衡量，需用数字来表明是否达到了关键结果。只有定量的关键结果才能清晰地反映进展和成果。

第二，关键结果应该具有挑战性。研究表明，设定高挑战的关键结果能够激发更好的绩效和工作满意度。但同时，也需要注意关键结果的难度和挑战性之间的平衡，避免过于不切实际的目标。

第三，在撰写关键结果时，必须确保具体且清晰。要用明确的语言表述，避免产生误解和歧义。

第四，关键结果应由当事人自主制订。OKR是责任人自己制订的，是双向沟通的结果，而非公司强制下发的任务。这样的关键结果更能激发责任人的积极性和自我驱动力。

第五，关键结果应该基于进度。人们越频繁地感知到OKR执行过程中的进展，就越能激发创造性和动力。因此，关键结果必须能够体现进度，便于定期回顾和评估。

优秀的关键结果应能与其他部门协作，实现上下左右的对齐。这意味着关键结果不仅要在本部门内部协调一致，还要与其他部门的目标相协调，确保整个组织的目标一致性。这样的关键结果才能促进团队合作，实现整体目标。

第六，一个好的关键结果应该能够驱动正确的行为。关键结果应该与责任人价值观和目标相一致，激励责任人采取正确的行动来实现目标。

以上就是一个优秀的关键结果应该具备的特征，也是撰写关键结果的六个注意事项。

当然，在撰写关键结果时，也需要关注一些重要细节。

第一点，聚焦关键项。

关键结果应当聚焦于关键任务，而非简单罗列所有工作。不要将日常琐事也纳入 OKR 中，而应集中精力在能够推动目标取得实质性进展的关键结果上。务必保持聚焦，避免流水账式的记录。

第二点，结果导向。

关键结果应基于目标的结果进行设定，而非只是任务的堆砌。需要从目标的结果出发，找到那些能够直接影响目标达成的关键任务。选择与目标的关联度最高、对实现最终目标具有最强影响的关键结果。

第三点，积极正向的表述。

在描述关键结果时，应使用积极正向的语言。积极正向的语言更能激发责任人的积极性和工作热情，促进关键结果的实现。

第四点，简洁明了。

关键结果的描述应简洁明了，避免冗长和复杂的叙述。简洁明了的描述有利于信息的传播，使团队成员和上级领导能够更好地理解和配合工作。

第五点，全面考虑可能性。

在设定关键结果时，务必全面考虑各种可能性。这包括预测可能出现的负面影响，并提前制订解决方案。对于负面影响过大或无法解决的关键结果，可能需要重新考虑或调整策略。

第六点，明确责任人。

每个关键结果都应指定一个明确的责任人。这个责任人并非唯一负责关键结果达成的个体，而是作为该关键结果的信息汇聚点，负责在关键结果实施过程中及结束后跟进进展和及时反馈，确保关键结果的顺利推进。

以上就是在撰写关键结果时需要注意的六个重要细节。

当然，在撰写关键结果时，会遇到不同类型的关键结果，以下是三种常见的关键结果类型。

第一种是线性关键结果。它通常适用于新业务和创业型公司。这类公司由于缺乏历史数据作为参考，很难精确量化未来的关键结果。例如，获取电子优惠券使用率的数据就是一个典型的线性关键结果，它代表了一种趋势性的度量方式。

第二种是度量型关键结果。它可以细分为正向度量型关键结果、负向度量型关键结果和范围度量型关键结果。通过设定具体的度量标准来评估关键结果的达成情况，无论是正向的增长、负向的减少，还是保持在一定范围内。

第三种是里程碑型关键结果。当关键结果无法直接数字化时，可以采用里程碑型关键结果来衡量。通过设定关键的时间节点和对应的成果，再结合相关的评分机制，可以有效地度量此类关键结果的进展情况。

以上就是在 OKR 中关键结果的不同类型及其特点。

那么，如何制订一个出色的 OKR 呢？接下来，笔者将介绍一种实用的五步法，即 CRAFT 方法。

第一步是"创建"（create），即明确目标并初步构思关键结果。

第二步是"精炼"（refine），对初步构思的关键结果进行修订和完善，确保它们与目标紧密相关且具体可行。

第三步是"对齐"（align），将关键结果与团队、部门乃至整个公司的目标进行对齐，确保各方目标的一致性。

第四步是"定稿"（finalize），在团队成员之间达成共识后，将关键结果定稿并明确责任人和时间节点。

第五步是"发布"（transmit），将定稿的 OKR 正式发布给所有相关人员，确保信息的准确传达和理解的一致性。

通过 CRAFT 方法，可以更系统地制订出一个出色的 OKR，为团队和公司的目标实现提供有力的支持。

在制订 OKR 的过程中,如何实施五步法并关注其中的关键要素呢?以下是详细解释。

第一步:创建。

OKR 的创建通常始于团队的沟通。为了获得更好的效果,可以从小团队开始,甚至可以是两个人的小团队来共同制订 OKR。这是因为随着参与人数的增加,执行效率可能会下降。保持小团队规模有助于激发团队的灵感,确保 OKR 的针对性和实效性。

第二步:精炼。

当 OKR 初稿完成后,需要提交给更广泛的团队成员进行评审。在提交过程中,务必确保形式足够正式,以引起团队成员的注意。不要只通过电子邮件发送 OKR,因为团队成员可能每天会收到大量邮件。而是应该考虑使用纸质文件、首席执行官或上级领导亲笔信等方式,使这一过程更加正式。提交后,组织一个研讨会来讨论和评审 OKR,以确保其全面性和可行性。

第三步:对齐。

在现代组织中,跨部门、跨职能的工作日益增多。因此,在 OKR 制订过程中,需要确保各部门和职能团队之间的目标保持一致。通过团队协作和沟通,解决面临的问题,创造新的工作模式,使更多业务领域受益,从而达成公司整体目标。

第四步:定稿。

定稿阶段需要获得高管团队的批准和通过。如果是团队层面的 OKR,团队成员和合作伙伴应该与上级领导沟通,确保 OKR 得到他们的认可和支持。在提交给高管团队之前,可以准备一份概要,说明 OKR 的制订过程、努力成果以及与其他团队的合作协议等。同时,让高管团队充分了解评分指标背后的依据也很重要。

第五步:发布。

最后一步是发布 OKR。将 OKR 上传到一个软件系统或共享的 Excel 协同文档中,以便团队成员随时查看和更新。虽然这一过程可能显得机械,但它是确保 OKR 完整性和跟踪进展的关键。通过严格的分类和跟踪,确保 OKR

的实施过程得到有效监控和评估。

当然,对于 OKR 的制订过程有了初步了解后,笔者将通过几个具体实例来进一步阐述其实际应用,以便读者能更加直观地把握其操作要点,从而加深对 OKR 撰写和制订的理解。

以移动运营商为例,假设我们为其设定了一个 OKR,即"提高用户满意度"。那么,其目标明确为"提高 5G 用户的满意度"。为了实现这一目标,可以从以下三个关键结果着手。

一是将客户留存率提升至 98%。这是基于历史数据分析后确定的合理数值,因为提高客户留存率是提高满意度的重要条件之一。

二是确保客户净推荐值(Net Promoter Score,NPS)达到 9 分。NPS 是衡量用户满意度的关键指标,代表着满意的用户愿意将产品或服务推荐给其他人的程度。为此,企业应关注并努力提升这一指标。

三是每月至少回访 2% 的客户并收集反馈。这是为了确保能及时了解客户的需求和反馈,从而有针对性地改进服务,进一步提升用户满意度。

通过以上三个关键结果的协同作用,可以有效地实现"提高 5G 用户的满意度"的目标。这就是一个完整的 OKR 组合示例。

以电话销售方面的 OKR 作为参考实例。

假设制订的目标是"提升流量卡电话销售的效率和效果",那么目标就是"提升流量卡电话销售的效率和效果"。为了实现这一目标,公司需要明确哪些是关键结果。这里,笔者列出了以下三个关键结果。

第一,确保销售人员每季度拨打的电话数量为 6300 次。这一关键结果直接关联到销售活动的覆盖范围,是提升效率的基础。

第二,为了实现电话销售的有效性,每个销售人员每个季度应至少完成 315 次成功的电话销售。这一关键结果直接反映了销售活动的转化率,是提升效果的关键。

第三,从结果反馈的角度审查,应确保至少有 33% 的网上注册用户是通过接听电话后进行网上销售完成的。这一关键结果体现了电话销售对后续线上销售活动的积极影响，是评估整体销售效果的重要指标。

通过达成以上三个关键结果，能够有效地提升流量卡电话销售的效率和效果。这就是一个典型的 OKR 完美组合，为公司提供了明确的方向和衡量标准。

如果要制订一个提升用户线索方面的 OKR，可将目标设定为"获得更多某类用户线索"。为了实现这一目标，公司需要明确以下三个关键结果。

第一，通过邮件营销的方式精准推送信息，确保获得 1500 条合规的线索。邮件营销是一种直接有效的用户触达方式，通过精心设计的邮件内容和策略，能够吸引目标用户的关注并引导他们提供线索。

第二，加大搜索引擎广告的投放力度，优化广告内容和定位，以获得 1000 条合格的线索。搜索引擎广告能够精准地触达潜在用户，通过合理的预算分配和广告效果优化，可以提高广告的转化率和线索质量。

第三，提升自然搜索流量，通过搜索引擎优化和搜索引擎营销策略，再获得 500 条线索。自然搜索流量是长期稳定的用户来源，通过优化网站内容、提升用户体验等方式，可以提高网站在搜索引擎中的排名，进而吸引更多用户并提供线索。

综上所述，通过邮件营销、搜索引擎广告和自然搜索流量三种方式共同发力，能够有效地提升某类用户的线索数量。这就是一个优秀的 OKR 组合，为公司指明了方向和行动路径。

当然，对于市场部门或运营部门而言，当目标是提升企业或产品品牌的认可度和知名度时，OKR 的设定尤为关键。将目标确定为"提升品牌的认可度和知名度"，为了实现这一目标，部门需要明确以下三个关键结果。

第一，加大媒体投放力度，确保投放量较之前增加 20%。这有助于提升品牌在各类媒体渠道上的曝光率，进而增强消费者对品牌的认知。

第二，在指定日期之前，启动并执行客户推荐计划。通过精心策划的推荐计划，鼓励现有客户向他人推荐品牌，有效扩大品牌的影响力，并吸引更多潜在客户的关注。

第三，在搜索引擎排名靠前的媒体平台上投放更多品牌软文。通过高质量的品牌软文，提升品牌在搜索引擎中的可见度，同时传递品牌的价值和理念，增强消费者对品牌的认同感。

综上所述，这三个关键结果是达成品牌认可度和知名度提升目标的重要步骤，它们共同构成了一个完整的 OKR 组合，为市场部门或运营部门提供了明确的工作方向和衡量标准。

当制订收入方面的 OKR 时，可将目标设定为"要在保证利润率的情况下完成销售目标"。为了实现这一目标，需要明确以下三个关键结果。

第一，确保每个季度的收入都超过 1000 万元。这直接关联到公司的销售表现，是达成销售目标的基础。

第二，提升毛利率，从现有的 54% 提高到 63%。这体现了公司对利润率的重视，确保在扩大销售的同时，利润水平也能得到相应提升。

第三，针对特定市场进行拓展，选择如成都和重庆等具有潜力的城市来拓宽销售网络。这是达成销售目标的重要手段，通过精准的市场布局，提升销售效率和效果。

这三个关键结果共同构成了收入方面 OKR 的核心内容，为公司提供了清晰、具体的工作方向和衡量标准，有助于确保在达成销售目标的同时，也能保证利润率的稳定提升。

当企业的人力资源部门需要制订关于招聘的 OKR 时，目标可以明确为"季度内招聘 5～8 名工程师"。为了实现这一目标，需要明确以下四个关键结果。

第一，在 5 所目标大学内进行职业宣讲。通过宣讲，能够吸引更多符合要求的潜在候选人。

第二，在指定的招聘平台上，深入挖掘至少 X 位（具体人数根据招聘需求而定）潜在的新候选人。这些平台通常具有庞大的用户群体，有助于扩大招聘范围。

第三，组织并举办公司开放日活动，邀请至少 X 位（具体人数根据活动规模和预期效果而定）潜在候选人参与。这一活动能够让候选人更深入地了解公司文化和工作环境，提高招聘的成功率。

第四，对公司官网的招聘需求进行重新设计并发布，确保招聘信息准确、吸引人。通过优化招聘信息的呈现方式，能够吸引更多符合要求的候选人投递简历。

通过以上四个关键结果的达成，人力资源部门将能够更高效地实现招聘目标，为公司引进更多优秀的工程师人才。

对于增强员工的敬业度和满意度的 OKR 设定，可将目标明确为"提升员工敬业度与工作满意度"。为了实现这一目标，需要明确以下三个关键结果。

第一，为了活跃团队氛围，促进员工之间的交流和互动，计划每月举行三次"趣味周五"的全员大会。这样的活动不仅能增强团队的凝聚力，还能让员工在忙碌之余得到放松和娱乐。

第二，为了深入了解员工对于工作文化的需求和期望，计划采访至少 X 名基层员工（具体数量根据组织规模而定）。通过收集他们的反馈和建议，可以更准确地把握员工对于优秀文化的需求，从而有针对性地进行改进和优化。

第三，为了进一步提升员工的敬业度和工作满意度，我们将选择至少 X 支团队（具体数量根据组织结构和需要而定）进行 OKR 方法的培训和实施。通过引导团队明确目标、制订关键结果并跟踪进展，可以帮助团队更好地聚焦工作重点，提升工作效率和成果，从而增强员工的成就感和满意度。

综上所述，通过以上关键结果的实施，可以有效地提升员工敬业度与工作满意度。这些都是 OKR 方法在实际工作中的应用，有助于更系统、更高效地达成组织目标。

OKR 的应用广泛，不仅适用于销售、市场、客服和人力资源等领域，还能助力团队或个人更精准地聚焦目标，明确关键结果。以上所提及的模型和方式可供参考，无论是团队还是个人，都可根据实际情况灵活运用，以获得实质性帮助。

在尝试将 OKR 融入工作流程之前，请务必检查是否已具备以下关键要素。

第一，团队属性。OKR 并非适用于所有团队，它更适合追求变化、创新，并致力于应对未来不确定性的团队。如果团队更倾向于稳定性和可预测性，那么关键绩效指标（Key Performance Indicator，KPI）可能更为合适。

第二，高层推动。OKR 不仅是一个工具，它更是一种管理体系和方法。要使其成功落地，需要高层领导的大力支持和推动，确保全员对 OKR 的重视和积极参与。

第三，全员认知。仅仅让员工知道如何编写目标和关键结果是远远不够的。要真正发挥 OKR 的作用，需要员工深入理解 OKR 的核心理念、价值和实施方法。只有这样，才能更好地运用 OKR 来驱动个人和团队的发展。

第四，企业文化。OKR 的落地与企业文化密切相关。一个公开、透明的文化环境有助于 OKR 的推广和执行。在这样的文化中，员工更愿意分享自己的想法和见解，从而推动 OKR 的持续改进和优化。

第五，持续优化。OKR 体系需要不断地进行迭代和优化，以适应企业发展的需要。只有不断地调整和改进，才能确保 OKR 能够真正发挥其应有的作用，助力企业实现长期稳健的发展。

以上就是管理者利用 OKR 提升员工自驱力的关键方法，以及 OKR 落地执行的必备要素。希望这些建议能够对管理者有所启发和帮助。

066 如何管理能力比领导者强的下属

如何巧妙地管理那些能力比领导者强的下属呢?

在职场中,作为一位领导者,难免会遇到一个特殊的挑战——如何管理那些业务能力,甚至管理能力都超越自己的下属。这种情况并非罕见,毕竟不能以年龄、经验或者资历来衡量一个人的能力。当面对这样的下属时,以下五点策略值得每一位领导者深思与践行。

第一,识才而赏,尊重与欣赏。

面对一位才华横溢的下属,如同遇见一匹千里马,领导者首先要做的便是识才而赏。这意味着,作为领导者,需要具备一双慧眼,能够准确地识别出下属的优势和特长。更重要的是,领导者需要有一颗包容的心,去欣赏和尊重下属。记住,领导者的角色不是与千里马赛跑,而是引导下属走在正确的道路上。欣赏下属,不仅能让他们感受到尊重和认同,还能激发他们的工作热情,进一步促进团队的发展。

第二,提供平台,放飞梦想。

一位优秀的下属,需要的是一个广阔的舞台,去展示自己的才华和能力。作为领导者,应该积极为他们搭建这样的平台。这个平台不仅是指工作上的机会和资源,更包括宽松、自由的工作氛围,让他们能够充分发挥自己的想象力和创造力。如果领导者压制一个比自己能力强的下属,那么日后下属可能会成为自己的对手;如果领导者培养一个比自己能力更强的下属,那么下属将会成为自己值得信赖的伙伴。所以,给下属足够的空间,让他们去放飞自己的梦想,这是每一位领导者都应该做的事情。

第三,与高手为伍,共谋发展。

与高手为伍,不仅能让领导者的进步速度更快,还能让领导者在职业生涯中走得更远。这是因为,高手之间的交流,能够激发出更多的思维火花和创新点子。当领导者与比自己更优秀的下属一起工作时,会发现自己也在不断地成长和进步。这种成长和进步不仅体现在业务能力的提升上,更体现在思维方式和人际关系的处理上。因此,作为领导者,应该主动与高手为伍,共同谋求团队和个人的发展。

第四，借力使力，发挥领导力。

领导者不应要求自己处处优秀，而是要学会借力使力。一位优秀的领导者应该懂得如何借助下属的力量来实现团队的目标。当下属能力比自己强时，领导者应该感到庆幸而不是嫉妒，因为这意味着自己拥有了一个强大的助手和合作伙伴。领导者可以通过激发他们的积极性和创造力来推动团队的发展；也可以通过他们的经验和智慧来弥补自己的不足和缺陷。在这个过程中，领导者需要发挥的是领导力——一种能够凝聚人心、激发潜能、引领方向的能力。这种能力不仅体现在决策和指挥上，更体现在人际关系和沟通技巧上。

第五，处变不惊，游刃有余。

当然，在管理一个比自己能力更强的下属时，领导者也难免会遇到一些挑战和困难。但是，作为一个领导者，需要具备处变不惊、游刃有余的素质。这意味着在面对问题时，需要保持冷静和理性；在解决问题时，需要展现出机智。同时，领导者还需要善于沟通和协调各方面的关系，以确保团队的和谐稳定和持续发展。

所以，管理一个比自己能力更强的下属并不是一件容易的事情。但是只要领导者掌握了正确的方法和策略就能够化挑战为机遇，实现团队和个人的共同成长和发展。在这个过程中领导者需要学会欣赏和尊重下属，给他们提供足够的平台和空间去展示自己的才华。只有这样领导者才能够成为一位真正优秀的领导者，带领团队走向更加辉煌的未来。

067 企业如何做到口碑和人才双高

在如今的商业世界，有一个引人深思的案例，它来自日常生活中人们熟悉的两大巨头公司——沃尔玛和麦当劳。这两家跨国企业，以其卓越的商业策略和人性化的管理方式，赢得了消费者的青睐。下面分享它们独特而富有智慧的人才管理策略，这一策略不仅彰显了企业的人文关怀，更为企业带来了长远的利益与声誉。

想象一下，当一位求职者满怀期待地踏入沃尔玛或麦当劳的面试现场，心中必定充满了对这份工作的渴望与对未来的憧憬。面试结束后，无论结果如何，每一位求职者都希望能够得到一个公正、明确的答复。而沃尔玛与麦当劳深谙此道，为每一位求职者提供了与众不同的反馈。

对于那些成功通过面试的幸运儿，公司自然会通过电话或邮件的方式，及时告知他们加入这个大家庭的喜讯。而对于那些未能如愿以偿的求职者，这两家公司的做法则更加令人称道。他们并没有简单地以一句"您未被录取"作为结束，而是选择了一种更加人性化、更加体贴的方式，来回应求职者的努力与付出。

当求职者收到来自沃尔玛或麦当劳的邮件时，首先映入眼帘的是一句温馨的感谢语："尊敬的 XX 先生/女士，感谢您在某一天的下午来到我们公司参加面试。"接着，邮件会详细地列举求职者在面试中展现出的优点，如"您遵守时间、注意仪表、精力充沛，给我们留下了深刻的印象"。这些话语不仅让求职者感受到了公司对他们的尊重与认可，也让他们对自己的能力有了更加清晰的认识。

然而，邮件并未止于此。接下来，公司会以一种诚恳而坦诚的态度，告知求职者他们未被录取的消息，并解释原因。同时，公司还会为求职者提供一次申诉的机会，允许他们再次参加面试，以展现自己的实力。这种做法不仅体现了公司对求职者的尊重与关怀，也展现了公司对于公平、公正的追求。

在邮件的最后，公司还会附上一张价值 50 美元的代金券，并诚挚地邀请求职者有机会再次光临他们的店铺，感受他们的产品与服务。这张代金券不仅是对求职者付出的一种回报，更是公司对他们未来可能成为忠实顾客的一种期待。据统计，有高达 90% 的求职者会选择将这张代金券留下来作为纪念，这也从侧面证明了这种策略的有效性。

我们不禁要问，这样的做法究竟有何意义呢？首先，它让求职者感受到了公司的尊重与关怀，从而提升了公司的品牌形象和声誉。其次，它让求职者对公司产生了更多的好感和认同，从而增加了他们未来成为公司顾客的可能性。最后，它也为公司赢得了一个宝贵的口碑传播机会。当这些求职者向他们的朋友、亲戚推荐这家公司时，他们不仅会提到公司的产品和服务，更会分享他们在面试过程中得到的尊重与关怀。这种正面的口碑传播无疑将为公司带来更多的潜在顾客和优秀人才。

那么，为什么沃尔玛和麦当劳能够如此成功地运用这种策略呢？笔者认为关键在于它们真正做到了以人为本。在竞争激烈的商业环境中，一些企业只关注自己的利益和发展，而忽视了对于员工和顾客的关怀与尊重。而沃尔玛和麦当劳则不同，它们始终将员工和顾客放在首位，用心去感受他们的需求和期待，从而为他们提供更加贴心、更加优质的服务。这种以人为本的理念不仅赢得了员工和顾客的信任与支持，也为企业的长期发展奠定了坚实的基础。

沃尔玛和麦当劳的人才管理策略为领导者提供了一个宝贵的启示：在竞争激烈的商业环境中，企业要想取得长远的发展，就必须始终坚持以人为本的理念，用心去感受员工和顾客的需求和期待，为他们提供更加贴心、更加优质的服务。只有这样，企业才能在激烈的市场竞争中立于不败之地。

068 破解管理者个人影响力过大的困局

在漫长而曲折的企业发展历程中，总会遇到各种纷繁复杂的问题。

有一些企业的领导者内心会默默地思考一个问题，就是为何在某些企业中，一些管理者具有极高的影响力，以至于领导者在做出人员调整时，会顾虑到可能引发的团队动荡。这并非个案，而是许多企业都曾面临过的挑战，它让领导者在决策时备感压力与无奈。

特别是在那些区域经理不常驻总部的企业中，这种现象尤为突出。有时，某些管理者在行事风格上略显霸道，甚至引发内部的不满，尽管如此，领导者仍然难以轻易对其进行调整。因为一旦他离开，可能会带走整个团队，给企业造成巨大损失。

面对这样的困境，作为企业的高层管理者，不禁要深入反思：为何员工会选择跟随某个管理者，而非企业本身？为何员工普遍认为加薪、晋升等福利都是来自管理者的恩惠，而非公司平台的回馈？为何在员工遇到困难时公司给予帮助，员工首先想到的是管理者的关心，而非公司的支持？

首先，高层管理者需要明确的是，员工的工资、晋升等福利，本质上都是公司平台提供的。然而，在某些企业中，公司给予的福利却被管理者个人化，让员工误以为是管理者个人的恩惠。这种错误的认知不仅扭曲了员工与公司的关系，也削弱了员工对公司的归属感。

然而，当这些管理者离职时，高层管理者又该如何应对呢？这时，高层管理者需要将视线转向企业内部，审视公司所营造的企业文化和机制。如果员工在公司中感受到的，更多的是管理者的个人关怀，而非公司的整体支持，那么公司的企业文化和机制显然存在问题。

在这种背景下，需要重新审视企业的管理机制。一种有效的机制是"逐级布置任务，跨级了解情况"。这意味着高层管理者在布置任务时，应明确各级管理者的职责和权限；同时，在了解员工情况时，不应仅限于通过直接管理者来了解，而应跨级与员工进行直接交流。

跨级了解情况的做法，实际上是一种企业文化的体现。它强调了对员工的尊重和关注，让员工感受到自己在公司中的重要性。在阿里巴巴的实践中，这种跨级了解情况的做法得到了充分的体现。无论是保安还是清洁工，都有机会与高层管理者面对面交流，分享自己的见解和感受。这种氛围让员工感受到公司的温暖和关怀，也增强了员工对公司的认同感和归属感。

而跨级了解情况的背后，是一种以人为本的企业文化。在这种文化中，每个人都被视为公司的重要一员，他们的意见和感受都能得到公司的关注和回应。这种文化不仅让员工感受到尊重，也激发了他们的工作热情和创造力。

当然，要构建这样一种企业文化和机制，并非一蹴而就的事情。它需要企业高层管理者的坚定决心和持续努力。首先，高层管理者需要树立正确的价值观，明确员工是公司最宝贵的财富；其次，高层管理者需要制订具体的制度和措施，保障员工的权益和利益；最后，高层管理者还需要以身作则，用自己的行动来影响和带动整个企业。

同时，高层管理者也需要认识到，任何一种企业文化和机制都不是完美的。在实践中，高层管理者可能会遇到各种问题和挑战，但只要保持开放的心态和创新的精神，不断学习和改进，就一定能够找到适合自己公司的企业文化和机制。

总之，面对员工追随管理者而非公司的问题时，高层管理者需要从企业文化和机制的角度进行深入反思和改进。通过构建以人为本的企业文化、制订有效的管理机制等措施，增强员工对公司的认同感和归属感，提高员工的工作积极性和创造力，从而推动企业的持续发展和壮大。

069 现代管理中不容忽视的十个现象

第一个现象：沟通渠道不畅通。

在大多数企业中，一个显著的问题便是同事间沟通不畅。这种沟通失真现象，表现为词不达意、答非所问，甚至同一条信息在不同人之间产生多种解读。从微观层面看，这无疑是管理效能不足的体现，导致工作流程效率低下，错失良机。从宏观层面分析，沟通障碍更是企业潜在风险的根源，可能使企业陷入倒闭和破产的危机。

第二个现象：加班成瘾。

许多企业老板错误地认为，员工下班后"废寝忘食"地加班是敬业的象征。然而，这背后可能隐藏着高昂的成本问题。原因体现在以下三方面。

首先，加班的根源并不总是繁重的工作任务，而往往是由于员工工作效率低下。加班实际上反映的是低效率的工作状态。

其次，加班会极大地消耗员工的精力和体力，长期如此会严重透支员工的健康。这不仅使员工难以长期保持高效能，还可能给企业带来额外的负担，如员工因长期加班导致的健康问题或工作事故。

最后，员工加班未必真正投入工作。有些员工可能利用加班时间从事个人事务，同时领取公司的加班费。

第三个现象：人才流失。

有很多企业在人力资源管理上是很欠缺的，他们认为人才是无限的，把企业定义为"铁打的营盘"，员工自然也就成为"流水的兵"了。员工选择离职，对企业来说是一笔不小的成本，因为公司不仅要承担对每个员工的培养成本，还要承担新招聘该岗位员工的前期成本，以及承担新员工到岗后是否适合岗位和刚到岗时效能不高的风险。

因此，员工的流失一定会给企业带来高出其收入几倍的支出，特别是老员工的离职。有些一直没有做大的企业在经营多年后，还是小团队，原因就是除了老板，几乎没有一个员工是从企业成立之初就留下来的。

第四个现象：岗位错位。

"将恰当的人放在最恰当的位置上。"这是在企业管理中，人力资源部门必须履行的职责，同时需要各用人部门的领导全力配合，可惜的是，真正能做到这点的企业并不多见。

例如，有些企业的部门负责人或者人力资源部门认为自己是管理者，无论给下属安排任何工作，下属都要无任何抱怨地去执行照做，如给文员安排剪辑视频的任务或是设计海报的任务等。这些任务是专业性较强的，却安排一个外行人去做，并且还给出了非常紧迫的任务时间。还说如果技术不会就赶紧学，那么这种管理者安排工作的后果就可想而知了。

总而言之，岗位错位的管理方式会严重拖累企业的发展，同时也会把一个部门或一个企业带向万劫不复的深渊。因为这样的管理者不能带领团队做出专业、优质的产品，也不能给消费者带来好的服务体验。

第五个现象：流程烦琐。

企业管理混乱，大多是流程烦琐、复杂而导致的，这在企业管理中是一个通病，凡是发展缓慢的企业，其流程一定是混乱或不合理的。企业为此承担着很高的成本，却往往视而不见。流程，是企业运营的产业链，简单、合理的流程能让企业高效运转，臃肿、复杂的流程会让企业表面看似全员忙碌，实则停滞不前。

如同流水线一样，没有科学合理的流程，也就失去对各项工作系统性的控制，很多工作会半途而废，还有很多工作需要返工。流程一旦烦琐就会阻碍企业高效、快速前进的步伐。流程烦琐其实也是管理者官僚主义的表现。

第六个现象：企业文化落后。

有人说企业文化如同一个企业的魂，会在企业的每一个成员的精神面貌中得以体现。企业文化在企业成立的初期阶段就开始建立了，受企业创始人的文化程度、习惯、技能、嗜好等影响。

因此有人说，企业文化就是老板文化。但是说企业文化会成为企业成本，或许很多人不以为然，但事实如此。

例如，一些企业的员工精神状态欠佳，做事效率极其低下，无论多么优秀的新员工只要进入企业，不久之后要么离开，要么也会变成这样。

因此，这是"环境"问题，而这个"环境"就是这个企业的企业文化。企业文化如同企业的生命，会伴随企业的一生。

第七个现象：会议效率不高。

会议是企业解决问题和发布指令的集体活动，但是也是一个高成本的经营活动。而很多企业的管理人员，并未掌握开会的技巧，存在"会前无准备、会中无主题、会后无执行、与会无必要、时间无控制、发言无边际"的"六无"现象。

第八个现象：采购浪费时间。

曾经有一家企业，在推进一个新项目时，面临着一个颇为棘手的问题。该项目组每天的运营成本高达 8 万元，但在产品即将上市的关键时刻，采购部门为了节省成本，选择了价格相对低廉的包装材料，却因此耗费了长达半个月的时间来寻找合适的供应商。他们给出的理由是寻找低价供应商能够节约采购成本。然而，这个策略却导致了整支营销团队不得不为此多等待半个月的时间，从而无法及时与客户签约，错过了宝贵的市场机遇。

很多企业中都存在这种现象。企业过于追求降低采购的直接成本，却忽视了与之并存的"隐性成本"。这些隐性成本包括时间成本、效率损失和可能导致的市场机会错失等。

在此，笔者想强调的是，降低采购的直接成本本身并无不妥，但关键在于企业采购部门应当站在整体经营的角度，全面权衡各项指标。企业的采购部门不仅要考虑价格因素，还要关注供应商的交货时间、产品质量、售后服务等因素，以及这些因素对整体运营效率和成本的影响。只有这样，企业才能真正实现采购成本的全面控制，确保在竞争激烈的市场中立于不败之地。

第九个现象：风险调控失准。

将企业推向快车道是每位企业领导者的梦想，但是风险系数也因此会成倍增加。特别是大中型企业，虽然发展迅猛，收入丰厚，但是一旦出现危机，将是灾难性的，因为船大难掉头。

多个案例证明，企业的风险大多是预料不足或管理不善造成的。

在风险发生前，早已埋下隐患。而很多大型企业或者知名企业都是因为一次的风险而破产的。可见，风险是举足轻重的隐性成本。

第十个现象：高层领导者过于自我。

俗话说："兵怂怂一个，将怂怂一窝。"企业的高层领导者，就如同军队的指挥官，不仅是企业成本投入最高的员工，更是引领企业前进的灵魂人物。

在一些民营企业中，领导者往往将自己置于"皇帝"的位置，一切决策均由自己定夺，导致员工只能机械地执行命令。然而，这种过于集中的决策权往往因为企业领导者个人因素的限制，为企业带来了沉重的成本负担。

这种现象在小型企业中尤为突出，但在大型企业中也时有发生。过于自我的现象不仅局限于某个部门或下属，而是会渗透到企业的各个层面。因为每个人都要对自己的工作负责，所以在自己的职责范围内，每个人都是领导者，都拥有决策权。

然而，过于以自我为中心，这就忽视了团队的力量和智慧，这大幅降低了团队的作战能力，同时也增加了高额的隐性成本。

作为企业的领导者或管理者，当抱怨公司或团队缺乏人才时，或许应该先从自身反思。或许团队中并不缺乏人才，而是领导者缺少了发现和善用人才的智慧。真正的领导者应该懂得放权、信任并激发团队成员的潜力而不应该过于自我，让每个员工都能为企业的发展贡献自己的力量。

070 管理者的层级与人性管理策略

现代管理学强调管理者不仅拥有权力，管理者更要对组织负责。管理者分为普通管理者和高级管理者。

普通管理者分为两个层级——**基层管理者和中层管理者**。

基层管理者是指在企业中，直接负责非管理类员工日常工作的人。基层管理者的主要职责是直接指挥和监督基层工作人员，保证其完成上级领导下达的各项计划和指令。

中层管理者是指位于企业中的基层管理者和高级管理者之间的人。中层管理者起到承上启下的作用，具体的职责就是正确领会企业高层的指示精神，并结合本部门的工作实际情况，有效地指挥各基层管理者开展工作。中层管理者注重的是日常管理事务。

高级管理者，就是企业的高层，是指企业中居于顶层或接近顶层的人。高级管理者对企业负全责，其职责主要侧重于沟通企业与外部的联系和制订企业的方针政策，他们更注重良好企业环境的创造和保证重大决策的正确性。

无论是哪个层面的管理者，在职场中都会遇到以下两种现象。一种现象是管理者在管理的过程中试图去压制、去改变人性；而另一种现象是管理者会去顺应、利用人性。

笔者用一个具体的案例来阐明这一观点。笔者曾遇到一位人事经理，每当他在公司大群里发布通知时，总是直接列出时间、地点和活动内容。虽然这种方式在形式上没有问题，但效果不好，甚至导致许多人错过重要信息。

面对这种情况，这位经理常常抱怨现在的员工缺乏积极性和责任心。然而，当另一位人事经理接手后，情况发生了显著的变化。这位新的经理发布的通知总能引起全公司员工的关注。

有一次他是这样通知的："今天，我跟一个人吵起来了。这个人一直在吐槽我们公司不重视人才，我就跟他理论说，你知道吗？为了证明我们对人才的重视，我们特地在本周五下午三点邀请了两位行业专家来进行培训。这样的机会，我相信每个人都不会错过。"

通过这个案例，可以看出前一位经理的做法较为直接，但效果欠佳；而后一位经理则巧妙地利用了人性的好奇心和八卦心理，使通知更具吸引力。

很多时候，管理者抱怨员工难以管理，其实往往是因为他们过于强调管制和约束，而忽视了顺应人性的管理方式。他们试图通过不断地催促、纠正和教育来对抗人性的弱点，却往往事与愿违。

因此，管理者应该明白，有效的管理并不是对抗人性，而是顺应和利用人性。只有当管理者真正理解并尊重员工的需求时，才能找到更好的管理策略，从而推动企业的持续发展。

第一位人事经理，如果他了解责任分散效应，就能避免消息发出后无人响应、指派任务时无人行动的尴尬局面。

随着不断学习和掌握人性管理策略，管理者能够逐渐从管理员工的行为进化到引导员工的思维，实现从被动管理到员工主动自我管理的转变。这将极大地提升管理者的管理效能，为企业创造更大的价值。

071 头狼的管理策略

以下是一个实用的寓言管理故事。

狮子让一只豹子管理十匹狼,并让豹子给它们分发食物,豹子领到肉之后把肉平均分成了十一份,给自己留下一份后,将剩余的肉分给了其他十匹狼。

这十匹狼都感觉自己分得少,于是就合伙跟豹子唱对台戏。

虽然一匹狼打不过一只豹子,但面对十匹狼,豹子却无法应付了。

于是,豹子只好灰溜溜地找到狮子说:"这工作没法干了,我要辞职。"

狮子说:"看我的。"

狮子把肉同样分成了十一份,但是大小不一,自己先挑了最大的一份,然后傲然地对其他狼说:"你们自己讨论这些肉怎么分吧。"

为了争夺到大一点的肉,狼群沸腾了,开始恶狠狠地互相攻击,全然不顾自己分到的那一块肉也没拿到。

豹子钦佩地问狮子:"这是什么办法?"

狮子微微一笑说:"听说过绩效工资吗?"

第二天狮子依然把肉分成十一份,自己却挑走了两份,然后对其他狼说:"你们自己讨论这些肉该怎么分吧。"

十匹狼看了看九份肉,便飞快地抢夺起来,甚至一口咬肉、一口咬曾经的同伴,直到最后留下一匹弱小的狼倒在地上奄奄一息。

豹子又钦佩地问狮子:"这是什么办法?"

狮子微微一笑说:"听说过末位淘汰吗?"

到了第三天,狮子把肉只分成了两份,自己挑走了一份,然后依然傲然地对其他狼说:"你们自己讨论这块肉该怎么分吧。"

于是狼群开始争夺起来,最后一匹最强壮的狼打败了其他的狼,然后大摇大摆地开始享用战利品,直到这匹狼吃饱以后,它才允许其他狼来吃,慢慢地,这些狼成了它的小弟,便开始恭敬地服从它的管理,按照顺序来享用它的残羹。

从此,狮子只需管理一匹狼,只需给这匹狼分配食物,其他的也就不用操心了。

豹子仍然钦佩地问狮子:"这又是什么办法呢?"

狮子微微一笑说:"听说过竞聘上岗吗?"

最后一天,狮子把肉全占了,却让狼去吃草,这时狼群已经无力再战,于是只能逆来顺受。

豹子又问狮子:"这是什么办法呢?"

狮子微微一笑说:"听说过企业文化吗?"

这则寓言管理故事深刻地揭示了现代企业管理的一个普遍现象:总部日益庞大,基层工作日益繁重,成本不断攀升,而客户满意度却逐渐下降。

这个世界中往往 20% 的人引领着 80% 的人前行,20% 的人注重提升智慧和思考能力,而 80% 的人则更多地投入日常琐事。

对于管理者而言,如果整天深陷于琐碎事务中,便无暇思考和规划更重要的战略方向。这样的管理方式不仅削弱了管理者的核心作用,也阻碍了企业的长远发展。

比尔·盖茨曾言,一位忙碌的领导者往往意味着其能力的不足。过于忙碌的领导者最终只会导致企业的衰败。因此,作为企业的掌舵人,必须确保自己的忙碌是有意义的、有针对性的。

简而言之,作为企业的领导者,应该明确自己的忙碌方向,将精力集中在能够推动企业前进的关键点上。

072 管理者如何让下属信服

当管理者管理一个人或几个人时，让下属信服或许相对容易。但当管理者需要领导一个几十人、几百人，甚至上千人的团队时，如何使众人对管理者心服口服呢？

以下是一个关于管理者如何赢得下属衷心信服的介绍。建议管理者深入研究《水浒传》里的人物——宋江。

宋江出生于山东省郓城县宋家村，面容黝黑，身材矮小，因此人们亲切地称他为"黑宋江"。他不仅是一个大孝子，更以仗义疏财而著称，因此又得到了"孝义黑三郎"的美誉。他在郓城县担任押司一职，精通刀笔，深谙吏道，同时他还热爱武艺，习得多种枪棒技巧。更难能可贵的是，他平生喜好结交江湖上的英雄豪杰。书中是这样描述宋江的："眼如丹凤，眉似卧蚕，滴溜溜两耳悬珠，明皎皎双睛点漆。唇方口正，髭须地阁轻盈，额阔顶平，皮肉天仓饱满。坐定时浑如虎相，走动时有若狼形。年纪三旬，有养济万人之度量。身躯六尺，怀扫除四海之心机。上应星魁，感乾坤之秀气；下临凡世，聚山狱之降灵。志气轩昂，胸襟秀丽。刀笔敢欺萧相国，声名不让孟尝君。"

但事实上，宋江在各个方面并不是很突出，用他自己的话来讲就是"面黑身矮"。但就是这么一个小吏，却被拥为梁山统领。水泊梁山可是人才济济，个个非等闲之辈。

论武力有卢俊义、关胜、武松、林冲、鲁智深、呼延灼这样的超级高手，还有能谋善断的军师吴用，也有能够呼风唤雨的公孙胜，以及柴进这样的金枝玉叶，其他人也都是个个身怀绝技。

那为什么偏偏是五短身材、漆黑面皮的宋江坐上了梁山的第一把交椅呢？

那宋江究竟是怎么做到能让英雄聚义，天下归心，人人敬仰，个个都臣服于他呢？

如果有一天让一个没形象、没背景、没资源、不专业、没文化的人，当这个领导，他都不敢当。但是宋江，他不但当了，而且当得还很好。

看《水浒传》,首先看的第一个问题就是领导权威的问题,心服口服从哪里来?宋江是怎么树立个人权威的呢?

关键的一点就是宋江乐善好施,赢得了广泛的社会声誉。宋江为人十分豪爽、出手大方。不管是认识还是不认识,不管是英雄豪杰还是平头百姓,只要是别人处在困境当中,宋江都能够一视同仁,慷慨解囊。更重要的一点是他的乐善好施是不求回报的,很多人他都不认识,以后彼此都不一定能再见面,根本不指望他们知恩图报,以后会回报自己。宋江乐善好施得到的名声,不仅让他能够化险为夷,同时也赢得了各路豪杰的尊重,因此江湖人才称宋江为"及时雨"。他送得及时,送得到位,送得慷慨,送得大方。及时雨,不是锦上添花,而是雪中送炭。

基于宋江的行为,笔者提炼了以下三个建议,旨在帮助领导者更好地与下属相处。

第一,先洞察需求,再提出要求。

这是领导者的核心原则。许多领导者往往一开口就提各种要求,却忽视了团队成员的实际需求。事实上,要求过多可能会导致人心涣散。作为领导者,应首先关心团队成员的经济利益和基本需求,因为只有当他们的基本需求得到满足时,他们才会有更大的动力去追求事业的发展。正如古语所言:"仓廪实而知礼节,衣食足而知荣辱。"先满足团队成员的基本需求,再提出合理的要求,这样的领导方式更易于赢得团队的信任和支持。

第二,让人心服口服的关键在于领导者为他人带来的价值。

无论领导者的外貌、学历或其他条件如何,这些都不是衡量领导者能否赢得团队信任的标准。真正重要的是领导者能否为团队带来价值。作为领导者,其责任是带领团队实现共同的目标和愿景,让每一位成员都能感受到团队的力量和温暖。只要领导者始终关注团队的福祉,就能赢得团队成员的衷心信服。

第三,付出比索取更能赢得人心。

团队成员自然期望付出能得到回报,这是天经地义的。但作为领导者,应该更多地思考如何为团队做出贡献。当领导者将关注的焦点从个人索取转移到团队付出时,领导者的格局和境界将得到提升。如果领导者拥有为团队付出的决心和行动，那么他将成为一位卓越的领导者，其事业也将因此而蒸蒸日上。

总之，作为领导者，需要先洞察团队的需求，再提出合理的要求，能为他人带来价值，以及通过不断付出来赢得团队的信任和支持。这样，你所领导的团队必定会真心拥护你，并与你共同迈向更加辉煌的未来。

073 强化管理权威,稳固自己地位的策略

作为管理者,在追求以德服人的同时,必须掌握必要的手段,以确保团队的稳定。单纯依赖仁德,可能会让团队成员变得肆无忌惮,甚至威胁到领导者的地位。因此,管理者需要运用有效的管理策略,以稳固自己的地位。

一、掌握主导权

在关键时刻,管理者必须掌握主导权,不能将命运完全交托于他人之手。这要求管理者具备敏锐的洞察力和果断的决策力,能够在复杂多变的环境中迅速做出正确的判断。同时,管理者还需要保持对团队成员的适度控制,确保他们遵循团队的价值观。

为了实现这一目标,管理者需要定期与团队成员进行沟通,了解他们的想法和需求,同时传达团队的目标。通过有效的沟通,管理者可以与团队成员之间建立信任关系,增强团队的凝聚力和向心力。

二、人性洞察与招人原则

在组建团队时,管理者需要深刻洞察人性,招人时要慎重,以避免潜在的风险和冲突。

招聘知根知底的人要慎重。这类人可能因过去的经历与管理者产生复杂的纠葛,难以完全信任。他们可能会质疑管理者的能力,甚至产生反扑心理。因此,在招聘时,管理者需要谨慎考虑这类人。

尽量避免招聘亲戚。亲戚关系可能带来复杂的人际关系和情感纠葛,影响团队的和谐与稳定。一旦亲戚在后期能力不足或产生矛盾,管理者将面临进退两难的境地。因此,为了避免潜在的麻烦和冲突,管理者应尽量避免招聘亲戚。

三、第一梯队的培养

当管理者成功建立第一梯队时,需要采取一些措施来确保他们的持续发展和团队的稳定。

不要让他们长留身边。为了避免潜在的权力斗争，管理者应鼓励第一梯队成员独立发展，成立子公司或承担新的项目。这样可以让他们在实践中检验自己的能力。

鼓励独立发展，成立子公司。通过成立子公司，第一梯队成员可以在更广阔的舞台上自由驰骋，探索适合自己的发展道路。管理者可以持有一定比例的股份，但应让第一梯队成员拥有足够的自主权和决策权。

分散风险与共同成长。将第一梯队成员分散到不同的子公司中，可以降低整支团队的风险。同时，通过共同面对挑战和困难，第一梯队成员可以更加深刻地理解管理者的决策和意图，增强对团队的忠诚度和归属感。

四、必要的打压与制衡策略

在管理过程中，管理者需要采取必要的打压与制衡策略，以防止团队成员产生过度的权力欲望。

适度打压。对于表现出过度自信或骄傲自满的团队成员，管理者需要采取适度的打压措施，让他们保持谦逊和低调。可以通过分配更具挑战性的任务、提出更高的要求或进行定期的绩效评估来实现。

制衡机制。在团队内部建立制衡机制，确保不同部门或岗位之间存在一定的制约和平衡。这样可以防止某个部门或岗位权力过度扩张，损害其他部门的利益。同时，制衡机制还可以促进部门之间的协作和沟通，提高整支团队的效率。

定期评估与调整。管理者需要定期对团队成员进行绩效评估和能力评估，根据评估结果对团队结构进行调整和优化。这样可以确保团队成员的能力与岗位需求相匹配，同时避免潜在的权力斗争和冲突。

通过运用以上策略，管理者可以建立一支高效、稳定、忠诚的团队，推动企业的持续发展。同时，管理者还需要不断学习和提升自己的管理能力，以适应不断变化的市场环境。

074 管理新时代人才在于提高满足度

霍桑实验是一个影响深远的管理心理学实验，它彻底颠覆了传统古典管理学理论，是聚焦于人群关系运动的实验研究。

霍桑实验是由哈佛大学教授梅奥在 1924 年至 1932 年，在美国芝加哥郊外的西方电气公司霍桑工厂主持的一系列研究。实验揭示了一个重要事实：工人并非仅受金钱驱使的"经济人"，他们的个人态度在决定其行为方面起着至关重要的作用。

霍桑工厂，一个专门制造电话交换机的工厂，尽管拥有完善的娱乐设施、医疗制度和养老金制度，但工人们依然满腹牢骚，生产成绩并不理想。为了探寻其背后的原因，美国国家研究委员会成立了一个专门的研究小组，进行了深入的实验研究。

在此之前，许多管理学理论都着重强调提高生产效率、完成目标、优化流程和标准化操作。这些理论过于强调管理的科学性、合理性和纪律性，却忽略了管理中人的因素和作用。它们基于一个假设：社会是由一群无组织的个体组成，这些个体追求个人利益最大化，即将人视为"经济人"。在这样的理论框架下，员工往往被安排从事固定、枯燥和过分简单的工作，成为"活机器"。

直至 1924 年，梅奥通过霍桑实验彻底颠覆了传统的管理方式。这个实验历经漫长的时间，笔者为读者精选了其中的精髓部分进行讲述，这些内容既有趣又颇具争议。

当时，霍桑工厂的管理者面临着一个严峻的问题：职工的生产效率极低，产量持续下滑，且质量问题层出不穷。如何提高质量、增加产量、提高生产效率，成了亟待解决的议题。

哈佛大学的一群专家介入进来，他们意图通过研究来探索如何提高效率、改善工人工作状态。在研究过程中，专家提出了一个假设：人的业绩输出与环境有着直接的关联。他们认为，如果环境优越，业绩就会上升；反之，如果环境恶劣，业绩就会下降。

这个假设在逻辑上似乎站得住脚。比如，在宽敞明亮的教室里，拥有先进的教学设备和专业的教师，为学生提供专业的教育，学生自然会感觉学习轻松愉快，效率也会随之提高。然而，如果环境恶化，如在寒风凛冽的天气中，学生们只能坐在马扎上听课，教师的教学方式也变得粗暴，周围环境脏乱不堪，这无疑会极大地影响学习效率。

因此，在研究的初期，专家都认为环境的好坏与效率的高低是成正比的。然而，霍桑实验的结果却颠覆了这一观念。

哈佛大学专家为了验证"环境对生产效率的影响"这一假设，进行了著名的"照明实验"。当时，劳动医学的观点在生产效率理论中占据主导地位，认为疲劳感和单调感等因素可能影响工人的生产效率。考虑到车间内最重要的环境变量是台灯，专家提出了一个假设：提高照明度有助于减少疲劳，从而提高生产效率。

于是，专家开始调整台灯亮度。随着台灯越来越亮，工作环境得到改善，工人们的业绩也随之上升。这看似符合他们的假设，但研究并未就此结束。为了全面探究，专家又进行了反向实验，即降低台灯亮度。令人惊讶的是，随着台灯越来越暗，工人的效率竟然直线上升。这使专家感到困惑和不解。

为了进一步验证这一现象，专家又进行了多次实验，包括改变灯的位置等。结果令人震惊：即使不调整灯光，只改变灯的位置，都能使工人效率提升。这使原本被视为普通照明设备的台灯，仿佛拥有了神奇的魔力。

为了更深入地探究这一现象，专家又进行了"福利实验"。这项实验在霍桑工厂的继电器装配测试室进行，旨在查明福利待遇的改变与生产效率的关系。然而，经过近两年的实验，他们发现无论福利待遇如何改变（包括工资支付办法、优惠措施、休息时间等），产量都持续上升。更令人费解的是，工人自己也说不清楚生产效率提高的原因。

后来，经过专家的深入剖析，他们发现了导致生产效率显著上升的两个核心原因。

一是工人参与实验所带来的光荣感。当实验开始时，6名被选中的工人被叫到部长办公室进行交流。对于他们来说，这不仅是对其个人价值的认可，更让他们感受到了前所未有的荣誉。这种被重视和尊重的光荣感极大地激发了他们的工作积极性。

二是成员间建立的良好关系。尽管这一因素在实验中得到了体现，但它与生产效率之间的直接联系仍不够明确，缺乏足够的说服力。

为了进一步解开这一谜团，专家决定实施一项"访谈实验"。他们在工厂内展开了一场精心策划的访谈活动。最初的计划是，工人将针对管理层的规划、政策、工头的态度以及工作条件等问题进行回答。但出乎意料的是，在实际进行过程中，访谈的走向完全超出了预期，产生了意想不到的效果。工人更愿意分享和讨论工作之外、他们认为重要的事情。这再次证明，员工所关注的内容往往与公司或调查者所认为的重要事项存在偏差。

专家深刻认识到这一点，随即调整访谈计划，取消了事先的内容限制，每次访谈的平均时间从原本的 30 分钟延长至 1～1.5 小时。他们采取多听少说的方式，详细记录工人的不满和意见。访谈计划持续了两年多，与此同时，工厂的产量也显著增加。

工人长期以来对工厂的各项管理制度和方法积累了许多不满，而访谈计划的实施恰好为他们提供了一个发泄的出口。发泄过后，他们心情舒畅，士气高涨，从而促使产量得到明显提升。

完成这一系列实验后，专家们感到困惑不已，实验似乎陷入了停滞期，研究也陷入了困境。然而，专家也有了一些头绪。他们得出结论：单纯从数量关系上寻找管理学的规律是行不通的。

随后，这些专家找到了哈佛大学心理学教授梅奥，详细地向他讲述了之前所做的一系列实验。梅奥在听完他们的介绍后，给出了一个至关重要的见解。他强调，这些变化与灯光、福利、访谈等因素并无直接关联，核心在于人的心理状态。

在梅奥之前，管理者往往忽视了员工的心理状态。他们更多地关注标准、流程、质量、考核和业绩等方面，而忽略了被管理者作为个体的存在及其心理需求。梅奥作为一位心理学家，敏锐地指出这一点，并强调这与数学公式或其他外部因素无关，而是人的心理状态在起作用。

梅奥进一步分析，工人在工厂里默默地奉献了自己的青春，像蚂蚁一样辛勤工作，却很少有人关心他们的喜怒哀乐和生老病死。这种缺乏关注和关心的环境让他们感到生活无趣、无聊和无望，从而导致工作状态下滑和业绩下降。

一群西装革履的专家突然闯入工人的生活。他们拿着照相机、记录板，与工人们亲切交谈，倾听他们的心声，记录下他们的名字和工号，甚至为他们拍照。专家不仅研究工人们的工作，还关注他们的业绩。

突如其来的关心与关注，让工人感受到了前所未有的意义感和价值感。他们突然意识到，自己的生活并非毫无意义，自己的付出也并非毫无价值。强烈的认同感和被重视的感觉，极大地激发了他们的工作热情，从而促使工作效率显著提升。

梅奥基于这一现象做出了大胆的假设：在第一个实验中，其实无须调整灯光，只要有一个专家站在工人面前，效率就会立刻上升。他甚至进一步提出，专家并非必需，只需找几个助手或社会闲散人员，只要他们穿上西装、打上领带，挂上写有"教授"字样的工牌，站在那儿，就能使工人的业绩上升。

为了验证这一假设，霍桑工厂进行了一项实验。他们在工厂内设置了一个小房间，找了几个人假扮专家，并让全工厂的工人轮流到这个房间里工作。结果令人震惊：只要工人进入这个房间，他们的业绩就会上升；而一旦离开这个房间，业绩就会下降。

这一实验再次证明了梅奥的观点：真正的业绩提升来自人的精神状态的改善。当工人感受到被关注、被尊重时，他们的积极性和效率就会得到显著提升。

在当今社会，虽然一些企业的管理制度看似完善，但在短时间内追求生产率的大幅提升时，却往往忽视了员工的工作环境与感受，使工作变得紧张、单调和劳累。在这种工作环境下工作的员工，往往会有强烈的不满情绪，长此以往，企业的生产率自然会受到影响。

随着经济的发展和科学的进步，"90后"和"00后"已逐渐成为社会的中坚力量，他们用实际行动诠释着责任与担当。这些新时代的青年，凭借较高的文化水平和技术水平，在企业中逐渐占据主导地位。因此，传统的管理理论和方法已经不能完全适应当前的管理需求，迫切需要进行变革。

霍桑实验为管理者提供了宝贵的启示：管理的关键变量在于人的精神状态。真正的业绩提升，来源于员工精神状态的改善。那么，如何改善和振奋人的精神状态呢？答案就是关心和关注。通过真诚的关心与关注，能够激发员工的工作热情，提高他们的工作效率。

霍桑实验之后，管理学出现了重要的转向。管理者开始更加关注人，研究如何让员工满意，如何与员工建立深厚的情感联系。管理者也在探索如何振奋员工的精神，如何让员工愿意为团队付出一切。

霍桑实验的伟大之处，在于它与相对论一样，起到了颠覆性的作用。对于现代的管理者来说，如果不了解一点儿心理学，可能很难有效地领导新时代的青年人。因此，管理者需要不断学习、不断进步，以更好地适应这个充满挑战与机遇的时代。

075 管理者懂打枣理论才能更快到达职业巅峰

职位越高，风险越大。刘备担任徐州的军政长官后，便面临了接踵而至的危险与挑战。徐州，这块战略要地，引来了曹操、袁术、吕布等各方势力的觊觎，甚至山贼也频繁侵扰此地。然而，刘备的短板在于他不擅长战役指挥与战略规划，导致他面对强敌时负多胜少，最终徐州也失守了，只得狼狈逃往河北，最终又退至荆州。

在荆州，45岁的刘备蜗居新野，兵力不足一万，仅有几位得力将领。《三国志》中记载，刘备曾受邀赴荆州牧刘表的宴席。席间，刘备离席如厕，归来时眼圈通红，眼含热泪。刘表疑惑，询问其因。刘备坦言，他身为骑兵将领，长期征战，腿部肌肉强健。但如今蜗居新野，久未骑马，发现自己大腿上已长出肥肉，不禁感慨岁月流逝，功业未就，心中悲痛难抑。

这段故事被称为"髀肉复生"，出自《三国志·蜀书·先主传》。它揭示了刘备的困惑与无奈：一方面，他渴望建功立业，复兴汉室；另一方面，他却发现自己因长期安逸而失去了往日的锐气。内心的挣扎与矛盾，正是刘备困惑的根源。

有目标没能力，有志气没实力，面对这样的困境，该如何应对？

在职场中，每个人都可能遇到类似的挑战：有着远大的目标，但实力却不足以支撑自己去实现目标。每个人的成长道路上，都可能会面临这样的难题。

谈及如何管理自己的短板，很多人会想到"木桶理论"，认为一个木桶的容量取决于最短的那块木板。然而，这一理论在个人发展中并不完全适用。在团队合作中，补齐短板确实很重要，但个人成长的关键在于发挥优势，而非不断弥补不足。

这里，笔者引入一个"打枣理论"。打枣理论是指在树梢上打枣，能打到多少枣子，完全取决于手中的竿子有多长。换句话说，人生高度取决于人的长板，而非短板。

因此，人应该专注于发挥自己的长处，在自己擅长的领域创造卓越成就。

人生有些事情可以追求，但不能强求。人要根据自己的条件和禀赋，找到适合自己的发展方向。

人应该努力发挥自己的长处，而不是与短处较劲。一个农民有两块土地，一块富饶，一块贫瘠，他自然会选择耕种富饶的那块土地。

那么，当遇到自己不擅长的问题时，又应该如何应对呢？最合理的策略是团队协作。通过协作，可以实现优势互补，共同解决问题。当遇到难题时，首先要想到的就是借助他人的力量，用人事手段来弥补自己的不足。

刘备在 45 岁时才明白这个道理，他明白自己在战略、战役和指挥方面的不足，于是决定三顾茅庐请诸葛亮出山。这正是他用人事手段来弥补自己短板的明智之举。希望读者也能从中获得启示，善于利用团队协作来弥补自己的不足，与团队共同创造美好的未来。

希望读者能够理解并善用人事手段来补足自身的短板，而不是一味地与自己的不足较劲。

综上所述，作为管理者，应以打枣理论为指导，利用人事手段来补足短板，应专注于发挥自己的长处，将其发挥到极致。只有这样，才能更快、更高效地达到职业的巅峰状态。

076 如何当好中层管理者

作为中层管理者,在管理岗位上,如何调整自己的心态和言行,以便更好地履行角色、实现企业的目标呢?下面通过一个历史典故来为读者说明。

在《史记》中,有一段关于子贡的传奇故事,被称为"子贡一出,存鲁、乱齐、破吴、强晋而霸越"。这段故事讲述了子贡凭借卓越的口才和智慧,不仅使鲁国转危为安,还影响了五个国家的命运。

在春秋战国时期,诸侯争霸,战火纷飞。齐国因其强大的实力,意图攻打鲁国。鲁国,作为孔子的故乡,面临着前所未有的危机。孔子作为鲁国的子民,自然不能坐视不理。

于是,孔子召集了他的弟子,共同探讨如何拯救鲁国。他深知,作为故乡的子民,若不能挺身而出,那便是愧对鲁国、愧对百姓。他渴望有人能站出来,为鲁国效力,将鲁国从水深火热中拯救出来。

经过激烈的讨论和争辩,大家一致认为专业的事情应该交给专业的人士来处理。而在这群弟子中,子贡因其出色的口才和智慧,被赋予了这一重任。他肩负起了拯救鲁国的使命,踏上了充满挑战的道路。

随后,子贡进入齐国,他以坚定而又不失礼貌的态度对齐王说:"大王,攻打鲁国此举实乃违逆天道民意,有悖五行之序。鲁国是无辜的,您应当重新考虑您的目标,吴国或许才是您真正的挑战对象。"在对话过程中,子贡巧妙地利用吴国作为"挡箭牌",无论话题如何转移,他始终聚焦于一个核心观点:齐王不应攻打鲁国,而应将目光投向吴国。

经过子贡的游说,齐王终于意识到攻打鲁国的弊端,转而决定与鲁国联手,共筑友好邻邦,共同面对吴国这一新的挑战。

为表示感激,齐王设宴款待子贡,希望借此机会加深彼此的了解与友谊。然而,子贡却婉言谢绝,他深知自己的使命已经完成,无须再过多停留。

接下来,子贡再次展露其外交手腕,他迅速赶至吴国,面对吴王直截了当地说:"吴王,齐国已做好攻击您的准备,请您务必严阵以待。"此言一出,吴王惊愕之下，口中的酒水竟喷溅而出。

吴王夫差，这位雄心勃勃的君主，原本计划先征服越国，再图谋齐鲁之地，以实现其称霸天下的野心。然而，子贡凭借敏锐的观察力和高超的言辞技巧，准确地捕捉到了吴王夫差的心理弱点，并以此作为突破口。

在子贡的巧妙游说下，吴王夫差竟然改变了原有的战略计划，决定先攻打齐国。与此同时，越王勾践被吴王夫差暂时忽视，他误以为越王勾践缺乏与自己抗衡的胆量。吴王夫差自信满满地认为，一旦成功击败齐国，天下将尽入其手。

然而，子贡并未就此止步。他深知越王勾践的处境岌岌可危，于是又迅速地赶往越国，向越王勾践传达了吴王夫差的意图。他警告越王勾践说："吴王对您心存疑虑，您需要小心应对。"

为了化解越王勾践的危机，子贡建议越王勾践向吴王献上厚礼，以示友好。越王勾践采纳了子贡的建议，准备了精美的礼物并亲自送给吴王。吴王收到礼物后，对越王勾践的诚意感到惊讶，也对自己之前的猜疑感到愧疚，从而放松了对越国的警惕。

最后，子贡又踏上了晋国的土地。

他向晋王提出了一个经过深思熟虑的建议："齐国与吴国之间的战争一触即发，您必须早做准备。若齐国胜，越王勾践恐会趁机复仇攻打吴国；若吴国胜，吴王必然会趁机扩张势力，对您的晋国构成威胁。因此，您需提前布局，以防万一。"

吴国最终战胜了齐国，随后按计划攻打了晋国。然而，由于晋国早有准备，成功抵御了吴国的进攻。吴国在打败齐国后，兵力已有所损耗，在与晋国交战时显得力不从心，最终败下阵来。

吴国的战败，让越王勾践看到了复仇的机会。他乘胜追击，一举消灭了吴国，为自己洗刷了前耻。

这一系列事件，都源于子贡的精准判断和巧妙布局。他凭借出色的口才和智慧，不仅保全了鲁国，还改变了齐国和吴国的战略计划，使整个局势都朝着他预想的方向发展。

从这个故事中，可以看到子贡卓越的整合能力、口才能力和沟通技巧。他能够洞察时局，精准把握各方利益，通过巧妙的言辞和策略，实现自己的目的。

保全鲁国后，子贡兴高采烈地向孔子汇报了一个好消息："老师，国君任命我担任管理者了，我即将步入仕途！"孔子听后，脸上露出了欣慰的笑容并说道："这是好事，我为你感到高兴。希望你能继续发挥你的才智，为国家、为人民做出更大的贡献。"

子贡提出了一个关于中层管理者的疑惑："我应该如何定位自己呢？我既要面对国君，又要管理手下的人，我到底应该如何扮演好自己的角色呢？"

这是一个值得深思的问题，中层管理者在工作中，也可以与自己的团队成员分享和探讨。

孔子给出了他的智慧解答："子贡啊，你看脚下的大地，只要你像大地一样，你就能够胜任自己的角色。"

子贡对此表示不解："老师，地上不就是泥土吗？难道我就应该像泥土一样，任人踩踏，毫无尊严吗？"

孔子微笑着摇头："并非如此。"

随后，孔子详细地阐述了三个关键要点，我们将其归纳为"泥土精神"。一位优秀的中层管理者，确实应该具备"泥土精神"。这种精神不仅仅代表着承受和包容，更代表着滋养和成长，是连接上层与下层、实现组织和谐与繁荣的重要纽带。三个关键要点具体如下。

第一个要点：一专多能，尽职尽责。

孔子以土地为喻，揭示了中层管理者的真谛。他说："你看这土地，不论种植庄稼还是花草，都能茁壮成长；挖个池子，便能养鱼；围起来，便能放牧牛羊。土地始终坚守其本质，无论赋予它何种使命，它都能欣然接受，尽职尽责地完成。"

这种"一专多能"的精神，正是中层管理者所应具备的。中层管理者既要有自己的专长，以应对日常的主要工作，又要具备多方面的能力，以应对不时之需。当领导者下达任务时，中层管理者才能迅速而准确地完成，不辜负领导者的期望。

同时，中层管理者还要有尽职尽责的态度，无论领导者派遣什么样的任务，都要全力以赴，尽心尽力地去完成。中层管理者要牢记自己的职责，不越权、不推诿，确保每一个细节都做到位。只有这样，中层管理者才能真正地造福于自己的团队或部门，让团队在自己的带领下茁壮成长。

然而，尽职尽责并不意味着中层管理者要包揽所有的事情。中层管理者要有明确的边界感，明白自己的能力和资源都是有限的，不能因为追求所谓的"完美"而忽略了自己的能力和资源的限制，要像蜡烛一样，只照亮自己能够照亮的范围，而不是试图照亮整个世界。

因此，在尽职尽责的同时，中层管理者也要学会放手。对于那些超出自己能力和资源范围的事情，要相信上级领导会妥善解决，要专注于自己能够掌控的事情，做好自己的本职工作，带领团队或部门实现和谐共处、幸福发展。

这就是"一专多能，尽职尽责"的"泥土精神"。作为中层管理者，要向大地学习，像它一样坚守自己的本质，尽职尽责地完成每一项任务。同时，要有明确的边界感，学会放手，让团队或部门在自己的带领下更加繁荣、幸福。

第二个要点：与人为善，成全他人。

大地上的泥土展现了一种无比包容与接纳的特性。草木在此生长，鸟兽在此繁衍，花朵在此绽放又凋零，人类则在此生息、离世。在生命的过程中，人们在大地上建造房屋，而去世后，也在这片土地上找到归宿。这不只是一种物质层面的支撑，更是一种精神层面的包容与接纳。

这种精神，正是中层管理者应当学习的。它教会人们要与人为善，无论在任何情况下，都愿意成全他人。只要条件允许，都将尽力地提供帮助，不计较得失，不图回报。因此，在人际交往中，要以这种精神为指导，积极帮助他人。

第三个要点：积极向上，不争功、不抢功。

大地历经严寒酷暑，即便在漫长的冬季饱受煎熬，一旦春天到来，它总能焕发出勃勃生机，花朵竞相绽放。这种无论遭遇何种困境都不放弃希望，正是"积极向上"精神的生动写照。

在人生的旅途中，人难免会经历各种挫折与打击。但关键在于，不能因此而意志消沉，热情消退，更不能轻言放弃，应当从土地中汲取力量，学习它那种无论遭遇何种困境都积极向上的精神。即使面对再大的困难，也要坚定信念，相信春天总会到来，我们也将再次焕发出光彩。

土地在春天生长、夏天繁荣、秋天收获，瓜果飘香、收获满地，但它始终保持着谦逊与低调。它默默地付出，不张扬、不争功、不抢功。这种精神同样值得学习。在取得成就时，要保持谦逊与低调，不骄傲自满，不与人争功。只有这样，才能更好地与他人相处，共同创造更加美好的未来。

总之，人要学习土地的精神，不仅要在心态上保持积极向上，更要在行为上做到不争功、不抢功。

如果中层管理者能够践行以上三个要点，那么他无疑是一位卓越的中层管理者。

这三个要点就叫作"泥土精神"，它象征着中层管理者应具备的包容和默默奉献的品质。

077 管理者如何挑选优秀员工

优秀员工究竟具备哪些特质呢？有的人在面试时表现出色，但长期的工作表现却不尽如人意；有的人适合作为"恋人"，但未必适合作为终生的"伴侣"。

当管理者选择了某人作为团队成员后，若发现其并不合适，往往已经投入了大量的情感和时间成本，此时若替换人选将带来极大的损失。

那么，如何在初次选择时就做出正确的决策呢？有一种方法叫作"行为特征法"。

曾有权威调研机构在全国范围内，对多家大中型企业进行了数年的深入调研。调研过程中，他们与数万人进行了交流，每位受访者都给予了大约20分钟的时间，以确保获取全面而真实的信息。调研对象涵盖了企业的各个层级，从高层管理者到一线员工，甚至包括临时工。

经过仔细分析，他们发现了一个普遍现象：优秀员工身上普遍具备三种行为特征。如果管理者能在候选人身上识别出其中的两种特征，那么这位候选人很可能是一位合格的员工；而若能同时发现三种特征，那么这位候选人无疑是一位优秀的员工。

三种行为特征中，首先是持久性特征；其次是稳定性特征；最后是宜人性特征。

首先，持久性特征被认为是其中最为重要的。根据调研结果，优秀员工的职业表现主要集中在忠诚度、责任感和敬业精神三个方面。这些特质是构成优秀员工的基础，同时也是胜任工作岗位的核心。然而，在招聘过程中，管理者无法直接通过考试或测评来准确评估这些特质，因为它们并非简单的选择题或填空题所能涵盖的。

那么，如何判断一个人的持久性特征呢？这就需要管理者关注他们的行为表现。调研发现，忠诚度高、高度敬业精神的人，往往具有出色的持久性特征。他们能够在长时间内保持对工作的热情与投入，不易受到外界干扰和诱惑。

领导力 管理心法

为了评估求职者的持久性特征，管理者可以准备一道面试题："在过去的一年中，有没有某一件事，你是每天都坚持做的？如果有，请告诉我具体是什么，以及你是如何坚持下来的。"这个问题能够深入了解求职者的责任感和敬业精神。他们的回答将反映出他们是否具有持续努力、不断进取的精神。

当然，在听取回答时，管理者要注意筛选与工作或学习相关的内容，而非日常生活或本能行为。因为能够持续坚持工作或学习，更能体现一个人的忠诚度、责任感和敬业精神。这样的求职者，在未来的工作中，往往能够表现出更高的忠诚度和责任感，为公司的发展贡献更多力量。

各位女士，在选择男朋友时，不妨尝试一个有趣的方法。可以询问他最近半年是否有每天坚持做某件事的习惯。若他确实有这样的坚持，并且能详细地描述内容和如何做到，这往往暗示了他具备持久的毅力和决心。

如果他能够坚持三年以上，这样的伴侣无疑是一个值得信赖和托付的人；即使他只能坚持半年以上，也表明他具有潜力，是值得珍惜的。

然而，如果他无法做到这样的坚持，那可能他更适合作为朋友而非伴侣。

同样，对于管理者而言，这种方法也可以作为培养员工的一种手段。管理者可以与员工制订一个共同的小目标，如每天坚持记录一个收获或进行15分钟的体育锻炼，然后观察他的坚持程度。

如果他能够持续半年以上，这证明他是一个值得信赖的团队成员；若他只能坚持一个月左右，那他还有很大的提升空间，值得进一步培养；但如果他完全没有坚持，甚至对此嗤之以鼻或找各种借口，那么这样的人或许并不适合团队的长远发展。

这种方法称为"持久性训练"，它提醒管理者，成功往往源于对小事的坚持。

其次是稳定性特征。稳定性主要指的是情绪、情感的稳定。为了了解一个人的稳定性，管理者可以提出两个问题。

第一个问题："关于你最好的朋友，能否分享一下你们是如何维持和加深这份友情的？"这个问题可以帮助管理者了解他如何处理人际关系和维持情感联系。

第二个问题："最近一段时间内，你是否与某人发生过冲突？能否描述一下这个冲突的起因以及你是如何解决它的？"这个问题则能够揭示他在面对挑战和冲突时的情绪反应和处理方式。

通过这两个问题的回答，我们可以大致判断一个人的情绪稳定性。真正有能力的人，往往能够控制自己的情绪，不轻易表露出来。而情绪容易波动、容易写在脸上的人，往往缺乏情绪管理能力。

稳定性得分高的人，往往更有可能成为优秀员工，因为他们能够在各种情况下保持冷静和理性，从而做出明智的决策。而稳定性得分低的人，则更有可能成为问题员工，因为他们容易受到情绪的影响，难以做出正确的判断和行为。

最后是宜人性特征。简而言之，宜人性就是一个人在人际交往中展现出的友好与协作能力。这种能力体现在能够站在对方的角度考虑问题，积极合作，并给他人带来舒适的感觉。

在生活中，我们身边不乏才华横溢但难以相处的人。他们虽然才华横溢，但说话方式往往尖锐刻薄，不顾及他人感受，完全以自我为中心。这样的人，他们的宜人性就相对较低。

在工作中，团队协作是不可或缺的。如果一个人的宜人性较低，那么他的协调配合能力和组织号召能力就会受到严重影响。因此，宜人性对于一个人的成功同样至关重要。

那么如何判断一个人的宜人性呢？一是管理者可以关注他的表达能力。一个表达流畅、语言到位的人，在人际交往中更容易与他人建立良好的关系，这是宜人性的基础。二是管理者可以观察他的助人倾向。询问他是否经常主动帮助他人，并让他分享具体的帮助经历。一个具有助人倾向且表达能力良好的人，往往具有较高的宜人性。

根据大量的调研数据，具备持久性、稳定性和宜人性这三个特征的人，具有成为优秀员工的巨大潜力。即使只具备其中两个特征，他们也可以被视为合格的员工。

078 伪高管容易让企业陷入不利局面

在当今的商业环境中，一个公司能否取得成功往往与其内部的管理层紧密相关。然而，令人遗憾的是，不少企业中却隐藏着一个特殊人群——伪高管。

伪高管在公司中担任高层职务，但实际上并未展现出与之匹配的管理能力和业绩贡献。那么，究竟什么是伪高管呢？下面，将深入剖析伪高管最常见的三种特质，以及他们如何影响公司的健康发展。

伪高管的第一个显著特质是工作没有成果。

这类人往往是通过各种途径被公司挖墙脚或高薪聘请而来，他们可能曾在知名外资企业或大型公司中担任要职，拥有光鲜亮丽的履历和丰富的经验。

然而，当他们进入企业后，却往往无法适应新的环境和工作要求。他们往往习惯于坐在办公室看报表，夸夸其谈指点江山，而对于实际的客户需求和市场变化则是一知半解。这种脱离实际、高高在上的态度，使他们难以深入了解业务运作的实际情况，更无法制订出有效的管理策略和解决方案。

以销售管理岗位为例，伪高管可能对销售流程和客户关系一无所知，只是凭借过去的经验对销售团队进行指导和提出要求。他们可能会要求销售团队去拜访客户，但对于如何有效地与客户沟通、建立信任关系等核心技巧却一无所知。这样的指导不仅无法帮助销售团队提升业绩，反而可能导致销售团队在错误的道路上越走越远。

同样地，在技术管理岗位上，伪高管也可能对技术一窍不通，却喜欢对技术团队指手画脚。他们可能会提出不切实际的要求或者错误的建议，导致技术团队在研发过程中遇到重重困难，甚至可能导致项目的失败。

伪高管的第二个显著特质是只会执行，不会思考。

这类人往往缺乏独立思考和创新能力，只是机械地执行老板的命令和决策。他们不敢冒险尝试新的管理方法和策略，只求在工作中不出差错、保持现状。这样的管理风格不仅无法推动公司的持续发展，还可能使公司在激烈的市场竞争中逐渐失去优势。

伪高管往往缺乏自主决策的能力，他们害怕承担风险，因此总是选择保守的策略。在面对问题时，他们不愿意深入思考问题的本质和原因，只是简单地执行上级的命令或沿用过去的经验。这样的管理方式不仅无法解决问题，还可能使问题变得更加复杂和棘手。

同时，他们也不善于从失败中吸取教训和总结经验，而是将责任归咎于外部因素或者下属员工。这样的态度不仅无法提升个人和团队的能力水平，还可能影响整个公司的创新和发展。

伪高管的第三个显著特质是没有心胸，害怕别人超过自己。

这类人往往缺乏自信和包容心，总是担心自己的地位和权力受到威胁。他们不愿意看到下属员工比自己更出色或更有能力，因此会采取各种手段来打压和限制下属的发展。这种心态不仅会影响团队的凝聚力和士气，还可能阻碍公司的整体发展。

伪高管往往把下属视为自己的竞争对手而非合作伙伴。他们害怕下属的成长和进步会威胁到自己的地位和权力，因此会采取各种手段来限制下属的发展。

比如，伪高管可能会故意分配一些无关紧要或难度较低的工作给下属，使下属无法积累经验和获取技能。或者，他们可能会在考核下属的绩效时故意压低分数或给出不公正的反馈，使下属的努力和付出无法得到应有的回报。这样的管理方式不仅无法激发下属的积极性和创造力，还可能导致团队内部的不满和矛盾。

伪高管，既做不出实际业绩来，也从来不培养下属，因为他们害怕"教会徒弟饿死师傅"，总是在害怕别人超过自己，从而被取代。一旦下属表现好一点，他们就会找机会、找各种理由打压下属。就好比是帕金森定律，一位管理者因为害怕别人超过他，所以就会招聘不如他的人。最终结果就是，招聘到的平庸的下属会分担他的工作，他自己则高高在上，发号施令，因为他知道这样的下属不会对自己的权力构成威胁。

平庸下属既然无能，他们也就上行下效，再为自己招聘更加无能的助手。到最后组织越来越臃肿，人效越来越低，这不利于企业发展。

一个企业能否取得成功往往取决于其内部的管理层和员工的素质和能

力。如果企业中存在着大量的伪高管，那么企业的前途堪忧。伪高管不仅无法为企业的发展做出贡献还可能成为企业前进道路上的绊脚石。

因此，作为管理者应该警惕伪高管的出现，并采取相应的措施进行防范和应对。只有这样，管理者才能确保企业的持续发展和繁荣。

079 中层管理者需要知道的职场智慧

庄子，作为道家学派的杰出代表，他不仅继承了老子"道法自然"的哲学思想，更将其发扬光大，为道家学派奠定了坚实的基础。他与老子并称为"老庄"，其著作中蕴含了丰富的职场智慧。

笔者分享一个典型的案例——"木雁之间"。这个典故所蕴含的智慧对于现代职场中的中层管理者而言，极具启发性和实用性。深入理解并运用这一智慧，中层管理者或许能在职场中达到更高的境界。

庄子曾带领诸多学生深入自然，进行了一场生动的现场教学。某日，学生向庄子请教如何在社会中立足、与人交往时该注意哪些细节，以及应持有何种态度。庄子微笑着回应："其中有门道。"

于是，庄子带着学生踏入了山林。当他们行至半山腰时，遇见了一群伐木工人，他们正忙碌地砍伐树木。庄子停下脚步，让学生们仔细观察并说道："你们看看，这些伐木工人所砍伐的树有何特别之处？"

学生们观察后答道："这些树都是能够用作房梁、柱子或家具的好木材，它们无一例外都是成材的树木。"

庄子点头，接着问道："那你们再看看路边那棵大树，为何它如此粗壮却无人砍伐？"

学生们环顾四周，果然发现一棵老树屹立路旁，虽粗壮但无人问津。一名好奇的学生上前询问伐木工人："师傅，为何您砍倒了所有的树，唯独留下这棵？"

伐木工人解释道："你们不懂树。那棵树是臭椿树，气味难闻，形状扭曲，纹理也不规整，根本就不是好木材。我所砍伐的都是成材的树，因此它得以存活。"

学生回到庄子身边，将情况如实汇报："老师，成材的树都被砍伐了，不成材的树反而得以幸存。路边的那棵树虽然枝繁叶茂，却因为它不成材而得以善终。"

庄子听后，微笑着说道："这种现象在社会上也普遍存在。你们似乎认为应该收敛锋芒，避免过于显露才能，以免过度劳累。"

学生纷纷点头称是，但庄子却摇头说道："你们只看到了问题的一半。让我们继续往山上走吧。"

一间农舍坐落在山上，农舍内饲养着众多大鹅。在古代，鹅与雁并未完全区分，圈养的称为鹅，野生的则称为雁。当庄子来访时，主人欣喜地表示要款待他，用炖大鹅作为佳肴。

主人开始挑选鹅进行宰杀，庄子则带着学生在一旁观察。只见主人追逐着鹅群，挑选着要宰杀的鹅，弄得鹅群四散奔逃。然而，有一只大鹅却与众不同，它站在门口，既不逃跑也不躲藏，神态安详，显得特别得意。主人也并未选择宰杀它。

学生对这一现象感到好奇，便询问主人原因。主人解释道，这些鹅中有的会叫，有的不会叫，而这只鹅的叫声最为悦耳，宛如高山流水之音，美妙动听。因此，舍不得宰杀它，而其他没有才艺的鹅则成了炖肉的食材。

庄子借此现象对学生说道："你们看，那些没有才艺的鹅都被淘汰了，而有才艺的鹅则得以幸存。那么，你们从中得出了什么结论呢？"

学生们纷纷表示，要增长才干，不仅要能干，还要出类拔萃，因为不成才的鹅都被淘汰了，而成才的鹅则被留下来，享受更好的待遇。

然而，庄子又提醒他们回想之前伐木工人的例子，学生意识到之前的结论是成材的树木被砍伐，不成材的树木得以幸存。而现在，结论却是不成才的鹅被宰杀，成才的鹅得以存活。

学生们困惑不解，向庄子请教："老师，那我们到底应该追求成才还是不成才呢？才与不才之间的辩证法又是什么呢？"

庄子缓缓开口道："我给大家分享一个成语，名为'龙蛇之变'。"

"此'龙蛇之变'究竟何意？"他继续说道，"它的意思是真正的君子应如龙蛇般具备应变之能。环境优越，如天地滋润、风和日丽时，便如龙般遨游天际，挥洒才华，为世间播洒甘霖。然而，当环境险恶，如遭遇大旱、酷热难耐，便需化身为蛇，潜藏于草丛之间，与蚯蚓、蚂蚁为伍，即便身处泥泞，食粗鄙之物，也泰然处之。"

"关键在于，无论化龙或蛇，皆需保持一颗平常心。化龙时全力施展，化蛇时安守本分，这便是'龙蛇之变'的精髓。"

庄子接着说道："君子，更应在'木雁之间'寻得平衡。'木雁之间'意思是面对不同的环境与领导，需灵活应对。若遇伐木工人般的领导，当收敛锋芒；若遇赏雁人般的领导，则可展现才华。收敛或展现，非由个人意愿决定，而是取决于你所处的环境和领导风格。"

"龙蛇之变"与"木雁之间"，乃道家论及职场的两大经典比喻。它们启示中层管理者，在职场中如何运用智慧，觅得生存之道。

080 合格的管理者要懂得以缺为正

管理者如何看待和接纳他人身上的缺点和不足，这是一个值得深思的话题。多年来，笔者深入调研了众多大中小企业中的高、中、低层管理者以及一线基层员工，发现一个普遍的现象：不少管理者在面对他人，尤其是下属的缺点和不足时，往往表现出难以容忍的态度。然而，若管理者不能从自身出发，正视并解决这个问题，那么其管理能力将受到质疑，事业发展的道路也会变得狭窄。

那么，作为管理者，究竟应该如何正确看待他人身上的缺点和不足呢？这不仅是一个心态问题，更是一个关乎团队和谐、企业发展的重要议题。管理者需要学会用宽容和理解的心态去接纳他人的不完美，因为每个人都在成长和进步的道路上。同时，通过有效的沟通和引导，管理者可以帮助他人认识并改善自身的不足，共同推动团队和企业向前发展。

由张绍林执导的电视剧《水浒传》中有一个著名的故事——七星聚义。笔者通过这个故事来探讨作为管理者应如何看待他人的缺点和不足。

故事发生在东溪村，晁盖接待了一位特别的客人，名叫赤发鬼刘唐。

刘唐此行的目的是向晁盖传达一个消息。他向晁盖透露，自己有一个发财的计划，想与晁盖联手行动。他说："哥哥，我有一桩富贵之事，你可愿与我共取？"

刘唐告诉晁盖，太师蔡京即将过生日，而大名府的门婿梁中书要为他送上一份价值连城的生日礼物——生辰纲。生辰纲的价值高达十万贯。刘唐提议，既然这钱来路不正，他们何不抢夺生辰纲。

然而，晁盖与刘唐在商量此事时，由于观点不合，最终闹得不欢而散。刘唐一气之下离开了东溪村。

然而，刘唐并未放弃，他深思熟虑后，找到了智多星吴用，详细地陈述了整个计划。吴用听后，认为这是一个机会，但需要更多的帮手来确保成功。于是，他们一同去寻找了阮氏三兄弟——立地太岁阮小二、短命二郎阮小五、活阎罗阮小七。

吴用决定游说晁盖加入计划。恰逢此时，晁盖做了一个奇怪的梦，正为此烦忧。他梦见北斗七星落在了他的房梁上，而后斗柄上的一颗小星星化作一道白光消失。

吴用借此机会，拉着晁盖与阮氏三兄弟相聚饮酒。在船上，他们边划船边闲聊，谈论起生活的艰辛与梁山泊的富饶。吴用巧妙地提及刘唐说的"富贵"之事，并在言谈中暗示其他兄弟都已心动。在吴用的游说和旁敲侧击下，晁盖明白了众兄弟的心意，并意识到他们都在等待他的决定。于是，他毅然决定加入计划。

在庄上商议之时，入云龙公孙胜也慕名而来，表明了自己的来意。经过吴用的撮合，他也加入了队伍。这样，七位兄弟齐聚一堂，恰好与晁盖所梦见的北斗七星相呼应。在商议好抢夺生辰纲的路线后，他们举杯盟誓，这便是"七星聚义"。

随后，白胜也加入进来。

在智取生辰纲的行动中，白胜扮演了关键角色，他利用蒙汗药成功地迷惑了杨志等人，为成功劫取生辰纲立下了功劳。然而，劫取成功后，团队成员各自有了不同的选择。

白胜带着自己的那份钱财，投身于赌场中，过着挥霍无度的生活。白胜很快被抓捕归案。

在审讯过程中，白胜试图用借口掩盖自己的罪行，但这一借口很快被揭穿。在酷刑下，白胜将晁盖、刘唐等人供了出来。这一背叛导致官兵偷袭了东溪村，使晁盖陷入了生死危机。

然而，令人惊讶的是，尽管白胜的背叛给团队带来了重大损失，但晁盖似乎并没有因此记恨他。在梁山聚义时，他们甚至专门派人前往牢里，将白胜救出。在108条好汉中，白胜也占据了一席之地。

从这个故事中，管理者可以看到，任何一支团队，都不可避免地会有像白胜这样的成员。

既然有些员工身上有一些明显的缺点和不足，那么作为一位管理者，作为一位领导者，作为一个职业经理人，应该用什么样的态度来看待这些员工身上的缺点和不足呢？

在探讨用什么样的态度看待他人身上的缺点和不足时，作为管理者、领导者或职业经理人，必须有宽广的视野和明智的策略。若管理者、领导者或职业经理人对这样的人处理不当，那么将难以胜任管理岗位，事业也难以达到新的高度。

管理者需要明确，世上没有完美无缺的人或事。因此，作为管理者，不应苛求，不应求全责备。但仅仅做到不苛求还不够，管理者还需要善于取长补短，即发掘和利用他人的长处，同时帮助他们克服短处。

更为重要的是具备"以缺为正"的智慧。这四个字蕴含了深刻的管理哲理。以缺为正，意味着管理者要理解并接受每个人都有其不完美之处，深知这是人之常情。正如天地都有其不足之处，何况是人呢？

当我们看到一个人时，发现他并非完美无缺，这其实是件好事。这说明我们在理性地看待问题，而对方也展现出了真诚。当我们既能看到对方的优点并加以利用，又能意识到其缺点并加以控制时，这样的人际关系便趋于稳定，可以长期维持。

相反，若一个人在管理者眼中完美无缺，那么管理者需要警惕。这可能意味着管理者的识人能力有待提升，或者对方比你厉害，在向下兼容。这种情况下，管理者应该保持谨慎，避免陷入不必要的危机中。

总之，在处理人际关系和进行团队管理时，管理者应该保持开放的心态，理性地看待他人的缺点和不足。通过"取长补短"和"以缺为正"的智慧，建立更加稳定、和谐的人际关系，推动团队和事业的发展。

管理学中确实存在这样一个核心观点：人与人之间的交往，本质上是基于对缺点的展示与认同。这一观点深刻地揭示了人际关系的本质。以缺为正，不仅是对人性的一种深刻理解，也是建立健康、稳定人际关系的重要前提。它告诉我们，有缺点是正常的，而且在一定程度上，缺点的存在反而增进了人与人之间的真实感和信任度。因为当我们敢于展示自己的缺点时，就意味着我们愿意以真实、坦诚的态度与他人交往；而当我们能够接纳并认同他人的缺点时，则表明我们具备了包容和理解的胸怀。因此，在人际交往中，我们应该以开放、包容的心态面对自己和他人的缺点，以真实、坦诚的态度建立深厚的人际关系。

081 管理者的识人秘诀

如何通过简短的交流或一顿饭就初步判断一个人未来二三十年可能的事业和成就呢？清代杰出人物曾国藩为管理者提供了宝贵的启示。

在咸丰八年九月二十五日的《曾国藩日记》中，他记录了自己识人的秘诀："邪正看眼鼻，真假看嘴唇；功名看气概，富贵看精神；主意看指爪，风波看脚筋；若要看条理，全在言语中。"这句话凝聚了曾国藩高深的识人智慧。笔者将从后往前逐一解析每句话。

若要看条理，全在言语中。

一个人的逻辑和思路条理性确实能够通过其语言表达得到充分体现。当一个人在沟通时能够清晰地突出重点，展现出严密的逻辑性，其话语结构性和系统性都很强，这无疑反映出这个人在语言运用上的高超造诣。这样的特质可以推测出这个人在处理事务时同样会表现出色。

相反，如果与某人交流时，发现其言辞混乱，前言不搭后语，重点模糊，逻辑不清，这往往暗示着此人思维上的混乱。若将重任托付给这样的人，很可能因为他们的思维不清晰而导致问题频发。

这是因为语言作为思维的载体，其清晰度和逻辑性直接反映了思维的深度和有序性。若语言存在严重问题，那么其内在的思维机制很可能也是混乱无序的。因此，在识人、用人时，通过语言来观察一个人的逻辑和思维能力，确实是一种有效且实用的方法。

主意看指爪，风波看脚筋。

这句话初听或许有些难以理解，但"主意看指爪"其实蕴含了高深的观察之道。记住，手是人的第二张脸，也是第二个大脑。许多思维活动会不经意地通过手部动作展现出来。因此，在观察人时，除了看脸，更要留心观察手。

手部的动作，往往能反映出一个人的内心世界。脸上的表情可能不真实，但手上的动作往往更加真实。

例如，当一些人说话时手顶着太阳穴，这被称为"手枪式"，可能表明他们内心充满了痛苦。若手放在下巴下方，可能表明他们自大，对自己的颜值过度自信。而说话时用手挡着鼻子或嘴，则可能表明他们不认同自己所说的话，缺乏自信。

走路时手背在后边不露出来的人，通常给人一种安全感、能够掌控局面的印象。然而，如果一个人在谈话中反复做出手部动作，如"搭宝塔"，这可能暗示着他们有些心虚。

另外，当一些人习惯性地托腮时，特别是双手托腮，这可能表明他们正在认真聆听，并深受吸引。而如果谈话中对方双手合十，这被称为"膜拜"，表示他们已经完全认可并被打动。

相反，如果谈话时对方手里不停地玩弄小物件，或做出无关紧要的动作，如转笔或抖腿，这可能意味着他们感到不耐烦和焦虑，并渴望逃离当前场合。

因此，在与领导或客户交流时，建议将手安静地放在桌上，避免出现多余的动作，以免引发对方的负面情绪。

综上所述，通过仔细观察手部的动作和姿态，可以洞察一个人的内心世界。手，作为人的第二张脸，其动作丰富而真实，值得细心揣摩。

"风波看脚筋"是指什么呢？

在中国深厚的传统文化中，人们相信一个人的走路姿态能够透露出其为人处世的态度和性格。具体而言，当一个人走路时下巴上扬，撇着嘴，这种自大的姿态往往预示着在未来的工作和生活中这个人可能会遭遇挫折。因为"天狂有雨，人狂有祸"，狂妄自大的人在人际交往中容易与他人发生冲突，从而引发麻烦。

要观察一个人的步态，可以选择站在台阶上。当其他人都在向前行走时，你可以站在高高的台阶之上，仔细观察他们走路的姿态。如果一个人的步态笔直、匀速、平稳，这通常表明他心态安稳，生活顺畅，未来也较少会遭遇挫折。相反，如果一个人走路忽快忽慢，左颠右倒，晃晃悠悠，这可能暗示他心态不稳，心性不定，未来可能会面临一些挑战和挫折。

需要强调的是，这些观察并非绝对的因果关系，而更多的是一种关联和概率的体现。笔者在这里并不进行过度的解读，而是提供一种观察和思考的角度。如果读者这方面感兴趣，可以深入阅读关于微表情和肢体语言的书籍，以获取更多详细和专业的知识。

功名看气概，富贵看精神。

一个人的事业成就，往往通过其展现的气概便能窥见一二。拥有坚定气概的人，往往能在功名之路上取得显著的成就。

同样地，一个人在财富方面的成就，也能从其精神状态中得以体现。精神饱满、能量充沛的人，往往能积累更多的财富。

那么，何谓气概？气概便是心态的稳健。在面对生活与工作中的种种挑战与压力时，能够保持冷静、有稳定的心态，便是气概的体现。

而精神，则代表着能量的充沛。一个能量充沛的人，不仅能在物质世界中取得丰厚的成果，更能在精神层面获得持久的富足。

对于那些心态稳定的人，他们的功名往往能够长久持续。在面对职场中的起起落落时，若能保持积极、乐观、阳光的心态，那么他们的前途将不可限量。

而对于企业家来说，面对挫折、压力、挑战时，能够迅速调整心态，依旧神采奕奕、精力充沛地投入工作中，这样的人往往能在商海中乘风破浪，最终取得成功。相反，若是在压力下显得懒洋洋、萎靡不振的人，那么其富贵之路恐怕也不会长久。

因此，将曾国藩的这句话用日常的语言来解释，可以理解为：一个人若拥有充沛的能量、稳定的心态，以及温和而坚定的性格，同时还具备忍耐力，那么他将在人生道路上走得更远。反之，如果缺乏温和与坚定，容易发脾气，无法承受委屈，能量匮乏，心态动摇，那么即使暂时取得功名富贵，也难以长久拥有。

邪正看眼鼻，真假看嘴唇。

"邪正看眼鼻，真假看嘴唇"所表达的是，一个人的内心世界往往通过其外在表现透露出来。当一个人的心志正直，他的目光也会显得坚定而正直；反之，若心志不纯，眼神则可能显得飘忽不定。

直视一个人的眼神，往往能够窥见他的内心状态。当一个人在说谎时，他往往不敢直视对方的眼睛，因为心虚和不安会使眼神显得躲闪。

同时，当一个人犹豫不决或主意不定时，他的眼神往往会显得飘忽不定和迷离。这种表现被形象地称为"邪正看眼鼻"，即通过观察眼神可以判断一个人是否正直。

而"真假看嘴唇"则是指，当一个人频繁说谎或说言不由衷的话时，他的嘴唇形态可能会发生变化，甚至出现明显的歪曲现象。

这种现象也提醒我们，在与人交流时，要注意言行一致，真诚待人。因为一个人的言行举止往往能够反映出他的内心品质和态度。

082 分清这三类员工才能做好管理

稻盛和夫曾深刻地阐述了一个观点,即一位真正卓越的管理者应当将自己视为助燃剂。他巧妙地将员工划分为三类,分别是自燃型员工、可燃型员工和阻燃型员工。

第一类:自燃型员工。

自燃型员工拥有成长型思维,即便在收入微薄、任务繁重的情境下,也能保持积极向上的心态。对于他们而言,每一次经历都是一次学习的机会,只要能够从中汲取养分,对未来的职业发展有利,他们便愿意全身心投入。

当自燃型员工遭遇挑战或错误时,他们不会逃避责任,也不会盲目归咎于外因。相反,他们会进行深刻的自我反省,寻找问题的根源,并积极调整自己,以更加成熟的心态面对未来。这种不断自我复盘、自我提升的精神,正是他们的独特之处。

对于这样的员工,作为管理者,最忌讳的便是成为"灭火器",熄灭他们的热情与激情。管理者更不应该因自身的不安而怀疑他们,甚至试图压制他们的才华。无能的管理者,往往会因为担心自燃型员工的出色表现而威胁到自己的地位,从而采取各种手段限制他们的发展。这种做法不仅阻碍了员工的成长,也阻碍了公司整体的进步。

作为一名员工,不幸遇到了无能的管理者,且发现他们在公司地位稳定,甚至得到老板的青睐与信任,那么应重新考虑自己的职业道路。这样的公司可能并不值得员工长期追随,员工应该勇敢地追求更加广阔的天地,寻找真正能够激发潜能,助力成长的舞台。

第二类:可燃型员工。

可燃型员工可能没有长远的眼光,也未曾受到足够的启发,因此在他们看来,工作主要是为了谋生,如果别处能给予更高的薪酬,他们自然会考虑跳槽。他们或许会产生这样的疑问:"我被招聘来是做开发的,为什么还要参与招聘和面试的工作?"在没有额外薪酬或奖金的情况下,这种心态是完全可以理解的。作为管理者,应当理解并接纳这种心态,而非抱怨。

此时，作为管理者，应成为员工的"助燃剂"，需要与他们沟通，启发他们看到更多的可能性。比如，分享自己的职业经历，或者讲述他们心中榜样人物的成功故事，他们是如何通过不计较得失、多做事情，最终获得成长的。管理者要强调，尽管工作的成果最终归于公司，但工作过程中所积累的经验、识人技巧等，都是员工个人的宝贵财富。员工应当培养成长型思维，看到每一个任务背后的价值。

作为管理者，当观察到员工在能力上有所成长，并能为公司或部门带来更大贡献时，应给予及时的物质和精神上的鼓励，为他们提供更多的成长机会。只有这样，管理者才能真正激发可燃型员工的潜力，让他们成为公司不可或缺的力量。

因此，对于可燃型员工，管理者应当扮演好"助燃剂"的角色，而非成为"灭火器"，熄灭他们的热情与潜力。

第三类：阻燃型员工。

阻燃型员工往往坚守着自己的固有观念，对任何形式的激励和启发都无动于衷。他们的观点很明确："我就是打工的，我只谈工作，别给我'画饼'，你的'饼'太大太硬，我消化不了。"无论管理者如何与他们沟通，他们总是担心自己会吃亏，难以被启发。

面对这样的员工，管理者可采取一个直接而明确的策略：在尊重他们作为劳动者的基础上，如果他们能够完成本职工作且不触碰公司底线，可以选择保留他们。毕竟，每个公司或部门都需要一些能够稳定执行基础任务的员工。

然而，如果他们的成长速度无法跟上公司的发展步伐，管理者就需要果断地做出调整。这并不是要放弃他们，而是由公司发展的需求和对奋斗者的尊重所决定的。管理者不可能期望所有员工都能成为奋斗者，但必须确保那些真正为公司创造价值、愿意与公司共同成长的员工得到应有的回报。

即使是在华为这样以狼性文化著称的公司，也强调尊重劳动者和奖励奋斗者。阻燃型员工，作为劳动者，他们按时间和工作量完成工作，理应尊重他们的付出并让他们得到应得的报酬。但必须明确一个原则：他们的报酬绝不能与那些为公司创造更多价值、付出更多努力的奋斗者相提并论。如果阻燃型员工的报酬与奋斗者相近，那无疑是对奋斗者的不公，也是管理者和老板的失职，这样的公司注定难以做大。

083 带好团队离不开的五大策略

有人说，管理者面临的最大问题就是不懂得如何带领团队。

很多管理者往往扮演着团队的保姆等角色，亲力亲为、四处救火、身心疲惫，结果就是管理者忙死、下属闲死，整支团队也缺乏激情、士气涣散、执行力低下。

紧接着开始抱怨："队伍不好带，人特别难管。"

这是一个普遍的管理现象。现如今，一些年轻人特别会做事，但是就怕管人，一管就僵，一放就乱，控也控不住，管也管不好。

尤其是当团队发展到一定规模，或呈现出多样化的团队后，作为管理者，应该用怎样的方式管理手下的核心员工呢？

以下是专业的调研团队在近十年的调研中提取出来的五大新型团队管理的策略建议。

第一个建议：抬举策略。

管理者不仅要向员工灌输他们的工作是可以为自己创造财富的，还要灌输他们的工作是有意义、有价值的。管理者使用抬举策略能振奋团队精神，也能打造出有凝聚力和战斗力的团队。

所以，即便团队工作是带领员工垒一堵墙，管理者也要告诉员工："我们建设的是人类有史以来最壮丽的大厦，世界闻名、亚洲第一。"

这种抬举策略会让员工热血沸腾。

因此，管理者在带领团队完成每个任务或目标时，一定要会给员工讲故事，让每个员工成为故事中的主人公，只有这样员工才会有参与感、荣誉感。

员工的内心是一个杯子，管理者想表达的内容是热水，热水想要倒进杯子里，倾斜的角度、热水的温度、倒水的速度，都是需要把握好分寸的。

管理者讲故事的目的是要表达一种态度，或者是亮出自己的性格标签，来赢得员工的信任。

员工对管理者的信任度，决定了管理者讲的故事是否可以被员工接受。

所以，管理团队第一步就是要讲好故事。

作为管理者应使用抬举策略给员工讲故事，去点燃员工的热情，振奋团队的精神。

第二个建议：员工做事用能力，领导做事用能人。

基层管理者在做事情的时候，可能还需要自己往前冲，但是中层管理者很少往前冲，高层管理者基本上不往前冲。

所以，员工干活用能力，领导干活用能人。当我们评判一个人的领导水平时，不只是看他自己的能力，而且要看他用什么样的人做事。如果他的下属做事的能力一个不如一个，换句话说，如果一位管理者的能力是整支团队能力的天花板，那这样的管理者基本上是不合格的，是无能的管理者。如果一位管理者的下属都是专业能人、行业大家，并且团队氛围也很融洽，那说明这位管理者绝非一般，这才能体现管理水平。

第三个建议：重视文化的作用。

为什么企业员工一定要学习文化呢？因为文化能够带来认同，文化能够带来忠诚，文化可以统一思想，文化可以铸造灵魂。因此，公司负责文化宣传建设的管理者很重要，如果他是一个官僚主义、形式主义的人，公司就很难发展。管理者需明白：制度是管理的起点，文化是管理的顶点，人才是进步的关键。

第四个建议：人人有事做，处处忙起来。

老年人没事干，身体会垮掉，年轻人没事干，没法长本事。管理的原则就是人人有事做，处处忙起来。作为管理者，要给员工找事做，动员员工都忙起来。

第五个建议：职务级别有高低，人人都是好兄弟。

事业在发展过程中，如果没有感情，举步维艰。

公司是个大家庭，强调血浓于水，越是在不确定性的情况下，压力越大，越要搞好情感建设。情感建设在管理团队中是至关重要的。

那么结合以上五个建议对应的五大策略，具体如下。

（1）赋常业以使命，化小我为大我，即抬举策略。

（2）员工做事用能力，领导做事用能人，即专人策略。

（3）重视文化的作用，即传播策略。

（4）人人有事做，处处忙起来，即动员策略。

（5）职务级别有高低，人人都是好兄弟，即情感策略。

因此，在团队合作当中，人多力量大，团结力量大。如何打造一个高质量、抱团儿，具有凝聚力、战斗力的团队，管理者可参考以上五大策略。

084 刚当上管理者 最该知道的两件事情

刚当上管理者，想要把工作干好，必须想清楚两件事情。

第一件事情：做好人，还是做"坏"人。

有的刚上任的管理者一开始想以宽待人，用爱感化下属，消除下属的对立情绪和算计之心，但结果却发现下属并没有感受到管理者的良苦用心。

相反，下属还会觉得管理者有一点儿好说话、好欺负。

当然，这并不是下属的人品不好，而关乎的是人性。

人总会向利益资源方争取自己最大的利益，只要管理者好说话，就能更好地争取利益。但管理者知道真相后，想重新调整自己的人设，把宽变严，结果可能是比严格的领导更让下属讨厌，工作也更加难以开展。

先严后宽，还是先宽后严，是刚上任的管理者要面对的第一个选择题。

如果不想一开始就摔跟头，想做得长久，想做个越来越好的人，那只有一个正确答案，就是"坏人变好"。

因为"坏人变好"，人们就会越来越喜欢，而"好人变坏"，人们就会越来越讨厌。

还有第三种选择吗？有。

就是"好人变更好"，只是很难，管理者需要想想自己有没有这个能力，同时公司给不给这样的空间。

所以新官上任三把火，有些人以为是讽刺，但实际上它是有一定哲理的。

第二件事情：过度行动和劳逸结合哪个更重要。

管理者是组织的顶层执行者，也是基层的智囊团，因此需兼具行动与思考能力。

随着管理者职位的上升，思考的比重逐渐增加，而行动则相对减少。这是因为思考对于制订战略、把握方向至关重要，它要求管理者在喧嚣中静下心来，不被表象迷惑。

然而，在人们眼中，过度的思考往往被视为"闲散"，而行动则更容易被看见和认可。下属可能会因你的"闲散"而感到不平衡，上级则可能误解你在"摸鱼"。行动与否，人们一目了然；但思考与否，却难以被直接观察。

若管理者试图通过过度的行动来证明自己的价值，可能会面临以下问题。

首先，管理者可能会忽视对过去问题的总结与反思，从而难以防范潜在的问题，导致问题不断累积。

其次，管理者因缺乏系统的规划与策略，只能被动地应对问题，从管理者变为"救火队员"。

再次，管理者将失去调整与休息的弹性，长时间的过度工作会耗尽精力，使其难以应对突发情况或挑战。

最后，管理者将失去个人成长与提升的空间，长期维持在一个水平，甚至可能因过度消耗而退步。公司对其期望与耐心将逐渐消磨，职业生涯也将面临瓶颈。

因此，笔者并不鼓励过度地奉献与付出。职场中，应该追求工作与休息相平衡，以保持持续的竞争力与成长动力。

有些公司强调 100%，甚至 120% 的投入，但这种期望往往是不切实际的。人的精力与能力有限，长期的过度消耗只会导致效率下降，甚至会出现身心健康问题。真正的成功来自持续的进步与合理的安排。

在人生的长跑中，追求的不是短暂的冲刺，而是持久的稳健。因此，需要学会平衡，既要有足够的努力，也要有适当的休息和调整。

最终，通过合理的平衡和适应，可以在保持个人成长和进步的同时，也为公司和团队贡献出更大的价值。

085 用温柔手段做冷酷事情的管理智慧

深入剖析"马谡失街亭"这一历史事件,我们不仅能领略到中国传统文化中管人、用人的智慧,还能感受到其中蕴含的深厚情感与复杂人性。

马谡在街亭之战中轻敌冒进、不听劝告,导致街亭失守,给蜀汉军队带来了重大损失。这一战败让诸葛亮痛心疾首。诸葛亮深知马谡的才华和能力,但也清楚他性格中的弱点。在痛定思痛之后,诸葛亮决定按照军法从事,将马谡斩首示众。这一决定虽然残酷,却体现了诸葛亮作为优秀领导者的品质,他知道管人、用人的智慧在于知人善任、赏罚分明。

刘备在白帝城托孤时特意提醒诸葛亮:马谡言过其实,不可重用。刘备作为一国之君,临终前特意提及马谡,足见其对马谡的关注和担忧。刘备提醒诸葛亮,马谡可以常用但不能重用,因为常用和重用是两回事。

诸葛亮告诉过马谡,依山傍水,当道扎营,闭门不战。只要守住关隘,等敌人一退,马谡就成功了。

可是,马谡觉得依山傍水、当道扎营是常规的方法。如果闭门不战,就没有任何突破性成就。

最后马谡决定置之死地而后生,而且马谡借用了韩信背水一战的经验。

韩信背水一战能够成功是有三个重要因素的。

第一个因素:战场回旋余地比较大。

第二个因素:韩信方的单兵作战能力高于对方。

第三个因素:整个态势对韩信方有利,韩信方掌握主动权。

审视马谡守街亭的决策,不难发现其中的盲目与冒险。马谡街亭之战的劣势如下。

第一个劣势:街亭战场空间狭窄,回旋余地有限。

第二个劣势：马谡方单兵作战能力逊于敌军。

第三个劣势：马谡方处于守势的被动地位。

在这样的不利条件下，马谡却试图复制韩信背水一战的战术，这无疑是一种鲁莽的行为。他忽略了韩信成功的关键因素：战场回旋余地大、韩信方单兵作战能力强、掌握主动权。因此，马谡的失败并非偶然，而是他未能准确判断形势，盲目借鉴前人的经验所致。

人生如小马过河，每个人的情况和条件都不同，不能盲目地追随他人的脚步，而应找到适合自己的节奏和方式。对于管理者和企业来说，同样如此。在学习成功人士的经验时，管理者必须深入理解其背后的前提条件，而不是简单地复制表面形式。否则，将面临巨大的风险和挑战。

诸葛亮"挥泪斩马谡"这一举动背后蕴含着复杂的情感。他哭，既是因为痛心马谡的失败，也是因为自责用人不当。他作为领导者，需要承担因决策失误而带来的后果。同时，他也在借此机会向全军传递一个明确的信号：无论地位多高、能力多强，一旦违反军纪、导致失败，都将受到严厉的惩罚。这种严格的纪律和公正的赏罚制度，是确保军队凝聚力和战斗力的重要保障。

实际上，诸葛亮在处理马谡时，还展现了深刻的领导智慧：如何在权威性和亲和力之间找到完美的平衡。这是每一位领导者在带领队伍、树立个人形象时都需要面对的挑战。权威性和亲和力看似矛盾，实则相辅相成。过于强调权威，可能让下属敬而远之；而过于亲和，又可能让团队失去明确的方向和执行力。

诸葛亮通过"挥泪斩马谡"这一行为，向全军展示了如何在保持权威的同时，又不失亲和力。他首先坚决地执行了军法，建立了明确的制度和规矩，展现了他的权威性。然而，在执行这一决定时，他并没有选择冷酷无情的方式，而是用泪水表达了深深的惋惜和不舍，展现了他的亲和力。这种"用温柔手段做冷酷事情"的管理技巧，既维护了团队的纪律，又赢得了下属的尊重和认可。

作为现代管理者，也可以从中学到很多。在处理团队的问题时，管理者需要像诸葛亮一样，既要坚持原则、维护制度，又要注重人性关怀、保持亲和力。只有这样，管理者才能在权威性和亲和力之间找到最佳的平衡点，带领团队走向成功。

086 想要做好管理，"人和"最关键

想要做好管理，该如何做好"人和"呢？

《孙子兵法》中提到，行军打仗最重要的五件事就是：天、地、道、法、将，也称"五势"。

"五势"分别对应的是"天时""地利""使命""领导水平""领导力"，只要全军上下一心，团结一致，将领指挥有方，再有天时、地利的辅助，就可以大获全胜了。

以上提到的"天时"和"地利"运用到现实中，"天时"就相当于所处的大环境、大趋势。"地利"就相当于所处的地域或所在的行业，比如能否利用当地的地理因素，充分利用当地资源，发挥地方优势，培养自己的核心竞争力。

当"天时"和"地利"满足后，最重要的就是"人和"。"人和"所代表的是拥有的人心、人与人之间的吸引力。一群能够相互吸引，有着相同的使命、愿景和价值观的人聚在一起做一件事情，这件事情做成的概率就会高很多。

孟子总结过一句非常经典的话，那就是"天时不如地利，地利不如人和"。孟子为突出"人和"对战争的重要性，还有"得道多助，失道寡助"等言论。

人生如战场，一个人要想有所发展，并且做成事情，不但需要讲究"天时""地利"，更重要的就是"人和"。

那么，作为管理者，该如何营造"人和"的氛围呢？

以下是笔者总结的在团队管理中凝聚人心的方法，希望对读者有所启发。

第一，领导是团队风气的缔造者。

在现实生活中，人和人之间的确存在着不同程度的差异。这种差异导致在面对同一件事的时候，每个人的选择和最后的结果也会有所不同。

孟子曾讲过这样一个道理："君仁莫不仁，君义莫不义，君正莫不正。一

正君而国定矣。"

也就是说，君主之间也会有所差异。

同样是治理国家，如果君主施行仁义，那么这个国家的所有人都会仁义；如果君主正直，那臣民也都会很正直。也就是说，君主是一个国家社会风气的缔造者，君主是什么品行，这个国家的人就会是什么品行，所谓"上行下效"就是这个道理。

如果把这个道理引申到现代生活中会发现，一些企业中的风气等问题，根源其实在领导者身上。

不管是整个社会，还是一个企业，它都是一个有机整体，而领导者的行为会对下面的人造成很大的影响。

领导者只有做好榜样，才能起到带头表率作用，进而有效地影响和激励下面的人。

比如，领导者要用自己的行动来树立榜样，把"按我说的做"改成"按我做的做"，就能起到积极的示范作用，在企业中形成良好的风气。

那么，作为领导者，如何判断企业的风气好不好呢？

很简单，只需看看周围的人是如何相处的，就能找到答案。

正如哈佛商学院强调的，领导者能够保持言行一致是非常重要的。

领导者如果每天都在跟下属讲价值观，其实是没有实际效果的，因为下属看的是领导者的行为表现。

比如，领导者经常提拔的是阿谀奉承之辈，久而久之，整支团队都会充满歪风邪气。如果领导者提拔的是正直、肯干、三观很正的人，企业的风气自然就会越来越好。

实际上，担任领导者后，不论管理的人有多少，下属都会把领导者当作标杆，观察其一言一行，模仿其所作所为。

所以，领导者要做的就是扛住压力和诱惑，主动成为下属的典范，以身作则，成为团队风气的缔造者，这样才能带领团队走向更美好的未来。

第二，好善言才能赢得人心。

我们在做事时，究竟怎样才能赢得人心，获得更多人的帮助呢？

战国时期，孟子听说自己的学生乐正子要到鲁国从政，十分高兴，这可是很少见的情况，所以他身边的学生就问他："先生为什么听说乐正子要去鲁国执政就这么高兴呢？"

难道是因为乐正子能力强、有谋略、见多识广吗？

孟子回答说，这些都不是最重要的，最重要的是乐正子"好善"，有这一点就足够了。"夫苟好善，则四海之内，皆将轻千里而来告之以善。"一旦为政者喜欢听取善言，不但身边的人工作积极性高，就是四海之内、千里之外的人，也都愿意来投奔他，向他贡献自己的才智。治理好一个国家，从来不是靠为政者一个人的能力、智慧和学识，而是靠很多有识之士一起提供意见和建议，集思广益，才有可能把国家治理好。

同样的道理，一个人的成功，从来不是因为自己一个人的能力有多强，而是因为他的身边聚集了很多能力强的人。这些优秀的人群策群力，才成就了他的强大。

但是，要想让优秀的人才充分发挥能力，领导者同样要有德行、有操守、讲原则，能够看到他人的努力，愿意听取他人的意见。

相反，恃才傲物，妄自尊大，一听到别人提意见，就一副不屑一顾的样子，甚至嘲讽别人"你说的这些，我早就知道了，还用等你说！"之类的话，那就相当于把有才华的人拒于千里之外了。

君子和小人是此消彼长的，君子少了，小人的数量自然就会增加，阿谀奉承、偷奸耍滑之徒便会蜂拥而至。这样一来，什么事都做不成。

当然，孟子所谓的"善言"，并不是一般意义上的"好话"，而是指有益于治理国家的忠言。俗话说"忠言逆耳"，原因就是"忠言"大多是不太好听的话，甚至是非常不好听的话。在这种情况下，就体现出一个人的格局和素养了。真正能够听取"善言"的人，也必然是个有格局、有素养的人，懂得"以人为镜，可以明得失"的道理，从而得到他人的帮助和支持。

第三，推己及人，善待他人。

不管是企业的高管，还是普通管理者，想要提高员工的工作效率，或者是让别人帮忙做事，首先要做的就是用心思考，寻找真正能够调动员工做事积极性的方法。

比如，你是一位管理者，就要用心思考，甚至要推己及人，换位思考，员工都是普通人，有自己的工作目标和努力的方向。你自己能够每天精神抖擞地工作，那是因为公司的发展与你自身的利益息息相关，公司发展得越好，你获得的回报就越丰厚。

但是作为员工，工作的目的就是生活，即使他们跟你一样努力，获得的报酬可能也十分有限。在这种情况下，你怎么能要求员工要和你一样努力呢？

同样，作为普通人，如果你想让别人帮自己办事，那也要换位思考一下，对方帮你做这件事，能体现出什么价值，或者获得什么样的好处？如果这些都没有，你为什么要求对方积极地帮你办事呢？

明白了这个逻辑后，管理者就知道，想要让员工好好工作，提高效率，或者想让人帮忙办事，就要用合适的方法去激发他们工作或做事的热情。

比如针对员工，可以采取绩效制度、股份制度等，员工完成的工作越多，拿到的报酬就越多；员工干得好，还可能获得公司的股份，让员工知道公司的发展关系到他们的切身利益。只有这样的方式，才有可能让员工真正自主地提高工作效率。

平时做事也是如此，如果想让别人全心全意地帮忙做事，我们不但要尊重对方、信任对方，更要善待对方。

大家都能推己及人，一起努力，最后才有可能都获得可观的利益；相反，只想让对方付出，却不愿意把利益多分一些给对方，那谁会愿意跟着你干这种费力不讨好的事呢？

第四，用使命感凝聚人心。

笔者分享一个故事，一名记者看见三个建筑工人正在工地上工作，就走过去分别采访了他们。

记者问第一个工人:"请问你现在在干什么?"

工人回答:"我在砌墙。"

记者又问了第二个工人同样的问题。

工人回答:"我在建房子。"

记者又问了第三个工人,工人回答:"我在建设一座美丽的城市。"

几年后,记者跟踪采访,发现第一个人依然是建筑工人,第二个人成了建筑设计师,而第三个人已经是一家房地产公司的老板了。

这个故事说明了人对事物的认知不同、格局不同、使命感不同,人生走向也将大不相同。

就像冯仑曾经说过的一句话:"我研究过很多赚了钱的人,后来发现赚最多钱的人实际上是追求理想、顺便赚钱的人。但是,他们顺便赚的钱却比追求金钱、顺便谈谈理想的人要多。"

说起使命感,很多人觉得这就是个口号,距离自己很遥远。其实,每个人在做事时都应该拥有自己的使命感,而使命感也是一种能够帮助我们坚持把一件事做下去、做成功的伟大力量。

关于使命感,不只是现代人在做事、创业时应该重视,古人也是非常重视的。

在《孟子》中就记载了这样一件事:孟子在齐国没能实施自己的仁政,失望地离开了齐国。路上,孟子的弟子充虞见老师闷闷不乐,就说:"老师之前不是跟我们讲过,不怨天、不尤人吗?现在离开齐国怎么不高兴呢?"

孟子回答说:"此一时,彼一时!按照时势来说,五百年就会出一位圣王,其间必定有辅佐王业的贤才出现……大概是上天还不想让这天下太平吧!但如果要平治天下,在当今这个世界上,除了我,还能有谁呢?"

为什么孟子这么自信,认为自己就是那个上天派下来教化民众,让世间无道变为有道的人?其实这就是一种强大的使命感。

正是这种强大的使命感,促使他以"舍我其谁"的自信,以"欲正人心"

的担当和责任，到各个诸侯国去游说诸侯，推行自己的仁政王道。虽然最终他的理想破灭了，但历史却证明，孔子、孟子的思想，至今仍然熠熠生辉，影响着人类历史的发展。

作为管理者，如果在做任何事情时，都能让自己和团队中的每个人产生一种使命感，那么就会对自己所做的事情产生更多的责任感。

第五，激发人性中的善意。

现代管理学之父彼得·德鲁克说过，管理的本质就是激发和释放每一个人的善意。

笔者认为，这不光是管理的本质，也是为人处世的本质。

做任何事，都应该以人为中心，以人为出发点和落脚点，做到面向人、尊重人、理解人、培养人。

孟子一直以来都主张人性本善，但总有一些好事者拿告子的"性无善无不善也""性可以为善，可以为不善""有性善，有性不善"这三个观点来质疑孟子的主张。孟子的弟子公都子也感觉很困惑，就对孟子说："您总是说人性本善，难道告子说的这些观点全都是错的吗？"孟子见自己的弟子没有开窍，就回答说："你顺着人性本身走。"这才是孟子所说的性善。

现代生活中，我们与人相处、与人共事，也同样要顺着人性本身走。我们共事的对象是人，所以所有行为都离不开对人性的思考。只有顺应人性，学会激发人性中的善意，才能让事情变得简单，变得更容易解决和处理。

所以，作为管理者，只要朝善的方向去引导他人，被引导者自然就可以做出很多善的事情来，这也是孟子想要成功推行仁政的一个非常重要的理论基础。

如果国君推行仁政，但是人们丧失本心，那么实施仁政就会遭遇障碍，因为人们都不想做善事。要想成功地推行仁政，前提是人们都愿意做善事，这时仁政才有可能被推行。

"若夫为不善，非才之罪也"，如果有些人做了坏事，那不是他天赋资质的错。也就是说，这些人并不是生来就喜欢做错事，而是受后天某些因素的影响，才做了错事。

大部分人不能做好管理的原因只有一个，那就是他的管理在不停地激发员工的"恶"。

例如，一位管理者总是用说教和批评的方式去打压、纠正员工，"你怎么连这个都做不好啊！""你这种想法根本就不行！"等说辞，这实际上是在加剧员工对管理者的恐惧。

还有的管理者总是喜欢跟员工说"你做事为什么就不能主动点儿呢！"等，这是在激发员工的敌意，所有矛头都指向员工。这样做就会向员工传递一个消极的信号，就是间接地告诉员工"你这个人能力不行，你如果不改，我就淘汰你"。

这些话如果员工听进去了，他就会认为自己真的什么都不行，什么事都不敢做，即使做事也会蹑手蹑脚，非常容易出问题。这些话如果员工没有听进去，那他就会认为管理者不行，感觉管理者在有意针对他，那样他就更不想做了。

于是，管理者唯一能做的，就是从批评一次到批评多次，从给员工拧一圈发条到拧多圈发条。

这种局面该怎么破解呢？

那就是要想办法去激发员工的善意，让员工自己给自己拧发条。

例如，员工做错一件事，或者是提了一个错误的想法，激发他恶意的说法就是"你不能这样做，这样做会出大问题的"，或者是"你不能这样想，你这种想法是有问题的"等。

管理者的这种说辞，貌似是在纠正员工的行为，但是本质上是在否定员工，是在打击员工的积极性。

而激发员工善意的说法应该是："我能理解你这样做的初衷，因为你也是想达成团队的任务目标，你的主动性和责任心非常值得学习。但是根据以往的经验，如果按你现在的思路在执行时会出现问题，如果你的某些方案或思路，再重新优化一下，我相信结果会更好。"先认可，再改进。

每个人只有当他被管理者认可的时候，他才会有意愿、有信心去改变自己的行为方式。

这种"鼓励式"的管理，方式叫职场 AUP（always make up leasure）。职场 AUP 的核心强调的是管理新时代的员工，要用合作善意式管理，而非管控；内容强调的是管人，而非管事；作为管理者要激发员工的善意，而不是相互的恐惧和敌意。

倘若每位领导者能将以上五种培养"人和"的方法付诸实践，把所有人的力量拧成一股绳，共同为实现同一个目标而努力，那么"人和"就会成为企业取得成功的最重要的要素。

087 优秀管理者都这样践行自己的角色

经常有人会问管理者和领导者的区别是什么？

其实有一个很普遍的说法就是：领导者做对的事情，应对的是变化；而管理者是用正确的方法做事，应对的是复杂的形势。

事实上，在职场中，很多时候领导者与管理者之间的界限并非泾渭分明，他们的角色往往是基于复杂的工作场景，而交织在一起，相互促进，相互发展。将领导者与管理者区分开来似乎已成为一种流行的趋势。

但实际上，管理过度和领导不足才是职场的普遍现象。其实我们应该更加担忧的是"宏观领导"，就是身处高位的人竭力通过遥控来管理，他们的眼中只有"大愿景"，早已脱离了实际的管理情况。

那么这类问题的解决办法就是不应该将领导者和管理者区分开，而是要把管理者看成领导者，把领导者的领导力看成管理者的一种技能。

当然，在提升领导力之前，要先明确管理到底是什么。

很多新晋升的管理者可能会遇到这样一个典型的场景：团队统筹和个人工作，两头抓，感觉自己比下属要忙百倍。

那么，管理者该如何担负起自己身上的责任呢？

在实际工作中，各个部门、各个员工，都存在推脱责任的现象。有员工遇到问题不会做，就直接推给上级做的；也有管理者看着下属做事不卖力，就自己亲力亲为的。

因此，责任的推脱，有员工的责任心强弱的因素，也有管理者的保姆心理和对员工的信任度的因素。

导致员工出现推卸责任现象的根源，其实就是角色不清。

那么通常来说，一位管理者实际上有三大角色，分别是业绩驱动者、团队打造者和文化凝聚者。

第一个角色——业绩驱动者。

业绩驱动者，其重点不是"业绩"本身，而是"驱动"，是驱动团队的人、财、物等资源进行优化组合，进而产生业绩，而不是自己去做业绩。

那么，管理者该如何成为业绩驱动者呢？

第一，需要分解公司战略，细化行动措施。

第二，激发员工意愿，做到用人所长。

第三，抓好过程管控，提升协作效率。

第二个角色——团队打造者。

新上任的管理者，要将自身的优秀经验和做法复制到团队中，来批量打造德才兼备的人才梯队，这也是公司给管理者升职的原因之一。因此，能否打造高效率的团队，就成为管理者能否继续晋升的关键考核指标。

那么，管理者该如何成为团队打造者呢？

第一，需要树立榜样和标杆。

第二，能够进行标准化复制。

第三，能够促使团队进化。

第三个角色——文化凝聚者。

管理者要学会通过文化打造来凝聚人心，带领团队形成一种积极向上的行为方式，并通过建立企业愿景、使命、价值观，赢得团队认可，最终实现既定目标。

那么，管理者要想成为文化凝聚者，就要做好以下三点。

第一，以身作则做表率。

第二，重要事件做标准。

第三，文化宣导重复做。

其实，作为一位管理者，明确以上三大角色并不难，难的是如何践行好这些角色。

管理大师彼得·德鲁克在讲述管理者履职时也提到了管理者的四重困境，也可以理解为管理者最常见的"痛点"。

第一重困境：管理者的时间只属于别人，不属于自己。

管理者不能告诉秘书："半小时内不要让人打扰我。"因为很可能正在这个时候，电话铃响了，打电话的也许是公司的大客户，也许是公司上级主管部门的领导，也许是上司，所以不能不接电话。

第二重困境：管理者往往被迫忙于"日常运作"。

管理者每天都要面临一连串的工作，却很少有人告诉管理者确切情况，更不可能向管理者指出真正的问题所在。哪些事情是重要的，哪些事情是管理者必须去做的，哪些事情只会分散管理者的注意力，这些并不是一目了然的。

第三重困境：管理者的价值来自他人的转化应用。

当别人能够转化应用管理者的价值时，管理者的工作才算有效。对管理者的有效性而言，最重要的人物，往往并不是直接管理的下属，而是其他部门的人。一位管理者如果不能与这些人主动接触，不能使这些人有效转化应用管理者的价值，他本身就没有有效性可言了。

第四重困境：管理者无法通过组织控制外部环境。

在组织的内部，一般不会有成果出现，成果一般存在于组织之外。

例如，企业付出的成本，必须通过顾客购买其产品或服务，才能转变为收入和利润。组织存在的理由，就是服务于外部环境。

那么外部环境是真正的现实，而现实却不能从组织内部有效控制。

以上就是管理者在工作岗位中真实存在的四重困境，也正是因为存在这四重困境，企业才需要评估管理者的胜任力。

那么，管理者处在以上四重困境中该如何践行好自己的角色呢？管理者需要做到以下五点。

第一，掌握自己的时间。

时间是管理者最稀缺的资源。管理者首先要学会分析时间，避免不必要的时间浪费；其次评估各项工作的时间消耗并确定优先级；最后提升管理工作的效率和质量。

第二，着眼于贡献。

着眼于贡献比掌握自己的时间更深入一层，由程序进入观念，由机械性工作进入分析性方法，由效率进入成果。这一步是培养管理者的自省能力，思考为什么组织聘用自己为管理者？自己应该对组织有什么贡献？

第三，充分发挥他人的长处。

充分发挥他人的长处既是对别人的尊重，也是对自己的尊重。同时，这也是管理者的价值观在行为上的体现。不过,充分发挥他人的长处也需要"边做边学"，需要通过实践才能使个人目标与组织需要相融合，使个人能力与组织成果相融合。

第四，要事优先。

"要事"不是"管理者周围所发生的事情"，而是"管理者应该努力促成的事情"。需要管理者要有远见、自信和勇气。管理者还要具备一定的"领导力"，所谓"领导力"并不是指智慧和天赋，而是指人人皆可有的专心、决心及达成的目标。

第五，合理的行动。

例如,管理者应能识别"例行事件"，进而找出决策所需的边界条件。当然,具体的方法，视个别情况而定。管理者的自我提升往往要比卓有成效的训练更为重要。管理者必须增进知识与技巧，必须养成各种良好的工作习惯，放弃不好的工作习惯，敢于主动拥抱变化。

管理者除了做好以上五点，还要清晰地知道自己所带领的团队处于什么阶段，因为不同阶段的团队管理目标也是不同的。如果说管理的目的是实现公司战略和经营目标，那么管理者就需要通过制订目标，促使下属能够自发地工作。

根据公司、组织及团队的实际情况，目标管理一般可以分为以下三种类型。

第一，沟通型目标管理，主要适合于低成熟度的团队。

当团队能力水平处于较低阶段，甚至还无法实现顺畅的内部沟通时，建议先实行沟通型目标管理。比如"戒烟""减肥"等不限于业务内容的目标。

第二，能力型目标管理，主要适合于中等成熟度的团队。

当团队能实现畅通无阻的沟通时，目标管理可以进阶为能力型目标管理，以侧重提升员工的能力为主，可以考虑与人事考核挂钩。

第三，绩效型目标管理，主要适合于高成熟度的团队。

简单来说，业务比较成熟、团队规模也比较大的组织，完全可以采用KPI或OKR等目标管理。

在激发下属完成目标的过程中，管理者需要精通的一项重要技能是如何根据每位下属的独特特性和能力，实施个性化辅导，从而超越传统的伯乐角色。以下是笔者为管理者提供的方法。

首先，根据团队中每位成员的工作意愿度和能力水平，将核心伙伴进行合理分类，并据此设计出个性化的辅导策略。

对于能力中等但工作意愿度高的人员，宜采用指令式管理。明确传达团队目标，并详细地阐述每位成员为实现目标所需承担的具体职责和贡献值。同时，强调团队协作的方法和过程，确保高效执行。在此类辅导中，管理者应重点提升这类人员的执行效率。

对于能力高但工作意愿度低的人员，宜采用支持式管理。除了关注他们的专业技能，更要关心他们的个人职业发展和价值提升。将团队目标和个人职业发展紧密结合，激发他们的内在动力。在此过程中，管理者应侧重培养他们的自律性和工作热情。

对于能力高且工作意愿度同样高的人员，宜采用授权式管理。先为他们制定明确的职业定位，并帮助他们规划职业发展路线、晋升机制，并培养他们实现个人价值所需的专业能力和职业素养。再根据岗位需求设定阶段性工作目标，确保每完成一个目标都能为他们的职业发展添砖加瓦。这类人员往往具备较强的自驱力，管理者应着重激发他们的潜力，助其不断成长。

其次，在实施个性化辅导策略时，管理者还需要明确自身角色，应对可能遇到的管理困境。同时，了解团队在不同阶段的管理目标和方法同样至关重要。

最后，作为管理者，其胜任力体现在能否深入了解员工的责任心与忠诚度，而又不让员工感到被刻意审视。这是建立高效团队、激发员工潜能的关键。

088 领导者要懂得护城河思维

城池在古代就是指城墙和护城河，城是指城墙，池是指护城河，用城墙和护城河指代城邑。由此可见，古人对城市的保护是多么重视。

巴菲特有一个著名的护城河理论，讲的就是当企业占领一个市场后，就该思考如何防止竞争者入侵来瓜分、抢夺市场，从而保证企业的持续活力。

巴菲特认为，最好的解决方法就是挖护城河。

他的意思是要形成一个对手不易模仿的优势或一套易守难攻的经营策略，以防止外来者掠夺本属于自己的财富。总之，它就是你的核心竞争力和不可替代性。

那么，护城河该如何搭建呢？

巴菲特从经济角度给出四个要素，分别是成本优势、网络效应、无形资产和迁移成本。

第一个要素：成本优势。

成本优势主要包括独占资源、生产规模、运输便利、地理就近、运营效率等。它是可以降低成本的因子，如一元钱的矿泉水就是通过生产规模降低成本的一个优质案例。

第二个要素：网络效应。

网络效应主要是指用户集群产生的效应，使用产品的用户越多，越能吸引更多的用户使用，从而建立用户生态，形成良性循环。比如，人们都在用的某聊天软件，以及围绕这个软件建立的社交游戏平台。

第三个要素：无形资产。

无形资产主要包括品牌价值、技术专利、特殊经营许可等，就是那些别人给不了的产品和服务。

第四个要素：迁移成本。

迁移成本，又叫转换成本，是指用户对一个产品建立使用习惯，形成依赖后，当有一天用户不再使用它，就会产生很多麻烦，不但浪费时间，还要重新适应新产品等。比如，音乐软件里收藏的歌单，更换电话号码后需要解绑许多软件等。

简单来说，护城河的四个要素就是：我很实惠；大家都在用；你要的，我能给；找别人，你费劲儿。这四个要素可以不必都占，只要其中一个要素能达到极致，也可以获得足够安全的竞争壁垒。

对于为何是这四个要素，背后有着深刻的逻辑。首先，成本优势，更多地关联于有形资产，与无形资产形成了一实一虚的对比；其次，网络效应则是吸引人们聚集的力量；最后，迁移成本则是防止人们轻易离开，体现了一种进出之间的平衡。这四者相互关联，形成了一种逻辑闭环。

当理解了护城河的逻辑本质后，就可以将这种商业思维应用到职场和生活的竞争中。领导者需要问自己，是否拥有独特的优势，如学历、经验、技术或人际关系处理能力？是否能够让别人感受到自己的不可或缺？

然而，护城河并非一劳永逸。你的优势可能会被别人超越，你的对手也在时刻研究你。因此，领导者需要不断地在自己的优势领域进行学习、发展和迭代，做到人无我有，人有我优，人优我异。

当说到"异"时，其实就是在创造与竞争对手的差别。这种差别让你保持领先，但也要警惕竞争对手的跟进。一旦他们跟进，就需要继续优化，保持你的优势。只有这样，才能在职场和生活的竞争中立于不败之地。

089 称职的领导者只需做到这八个字

本篇借由春秋时期齐国国相、历史上著名的政治家和法家代表管仲的八字格言"借而礼之，厚而无欺"，来与读者探讨古代领导者的卓越智慧。

这八字格言"借而礼之，厚而无欺"，在笔者看来，是中国古代管理学中至高无上的境界。首先，聚焦于这八字中的第一个字——"借"。

这里的"借"是指授权。一位称职的领导者，其首要任务是决策，而紧随其后的便是授权。授权是领导者激发下属潜能和团队活力的关键步骤。

对于不擅长授权的领导者来说，他们往往会在繁忙的工作中疲于奔命，而团队成员则因缺乏自主权和决策权而难以发挥其潜能。这样的领导方式，不仅会导致领导者自身过度劳累，还会让团队成员感到沮丧和不满。

相反，能够授权给团队成员的领导者，往往能够营造出更加和谐、高效的工作氛围。在这样的团队中，每个成员都能够感受到自己的价值和重要性，从而更加积极地投入工作中。

因此，管仲提出的"借"字，实则是对领导者授权能力的强调和倡导。通过授权，领导者不仅能够集中自己的精力，还能够激发团队的潜能，实现组织与个人的共同成长。

谈及"礼"，它深植于对下属的礼遇之中，其本质在于尊重。不尊重人的领导者，终将面临种种问题。切勿将下属视为简单的劳动力，而对其颐指气使。笔者曾在创业时，目睹过这样的一幕：某人在公共场合对另一人咆哮，仿佛审问犯人一般，甚至称呼下属为"长工"。在现代社会，长工这种称呼显然是不合时宜的，尤其出自一位教育公司的管理层之口，更是令人难以置信。

人与机器不同，不是流水线上生产出的标准化产品。每个人都有其独特的个性和价值，应得到相应的尊重与礼遇。

以历史人物韩信为例，他为何能死心塌地地为刘邦效力？尽管有人告诉韩信，刘邦只可共患难，不可共富贵，但韩信依然选择了追随刘邦。原因在于刘邦给予韩信的，不仅是统帅的职位，更是一种深深的尊重与礼遇。萧何月下追韩信，刘邦果断封韩信为大将军，这展现了刘邦对韩信的重视与信任。因此，韩信愿意为刘邦赴汤蹈火，在所不辞。

这就是"借而礼之"的真谛。作为领导者，不仅要善于授权，更要懂得尊重与礼遇下属。只有这样，才能激发团队的潜力，实现共同的目标。

对于"厚而无欺"的探讨，首先要理解"厚"的内涵。管仲曾言："三倍，不远千里。"这是指只要提供高于别人三倍的待遇，人们便愿意不辞辛劳地前来。近年来，各地政府纷纷出台优惠政策以吸引人才，其背后的逻辑正是"厚"的体现——以优越的待遇吸引和留住人才。

面对人才，领导者不应拘泥于固定的框架或范围，正如管仲所言："五而六之，九而十之，不可为数。"这意味着，对于价值五的人才，我们应给予六的待遇；对于价值九的人才，则给予十的待遇。这种灵活且慷慨的用人之道，正是对人才价值的充分认可和尊重。

最后，谈谈"无欺"。这不只是承诺的兑现，更是一种诚信的体现。无论面临何种情况，都应坚守承诺，不欺骗他人。"无欺"是每一位领导者都应具备的品质。

总结起来，"借而礼之，厚而无欺"这八个字，蕴含了授权、荣誉、待遇和诚信四个方面的智慧。作为领导者，应时刻审视自己是否做到了这八个字。如果做到了，那么你就是一位非常称职的领导者。

090 管理者切忌只要结果

管理者常使用的一句经典话术是:"你别跟我说过程,我只要结果。"这句话往往让下属感到苦不堪言,有苦难言。然而,我们是否能洞察出这句话背后管理者的真实意图?他们是真的认为下属无能,还是为自己的无能找借口呢?

接下来,将深入探讨管理中的过程与结果。无论是向上汇报还是向下管理,何时该讲过程,何时该讲结果呢?对于管理者和被管理者来说,理解这一点至关重要。

在此,给出三个关键结论。

一是大事要过程,小事要结果。

大事往往涉及高成本投入和重大风险,因此必须关注过程,确保每一步都按照计划进行。而小事则相对简单,可以直接追求结果。

二是长线要过程,短线要结果。

在长线工作中,由于执行过程中可能出现偏差,管理者需要密切关注过程,及时调整方向。而短线工作则更注重结果,可以快速见效。

三是困难的事要过程,简单的事要结果。

困难的工作容易消耗团队成员的精力,会对整体工作产生影响。因此,管理者需要关注困难工作的过程,提供支持和关心,确保团队稳定。而简单的工作则可以直接追求结果。

其中,笔者要特别强调"困难的事要过程,简单的事要结果"这一结论。困难的工作虽然不一定等同于重要的工作,但它们更容易对团队成员产生影响。作为管理者,需要在困难的工作上投入更多的精力去关注过程,除了提供支持,更重要的是传递关心,确保团队的稳定。只有这样,才能获得一个更好的结果。

那么,作为被管理者,又该如何应对呢?很简单,只需将"要"字换为"给"

字即可。也就是说，在大事、长线工作和困难的事情上，被管理者要主动给管理者提供过程信息；而在小事、短线工作和简单的事情上，则直接给出结果。这样，被管理者不仅能更好地与管理者沟通，还能提高工作效率和增强团队凝聚力。

在团队中，无论是在基层还是中层，作为被管理者，掌握向上汇报的技巧至关重要。不要沉默不语，对于你认为重要的事情，即使上级暂时未给予关注，也要主动表达。你的提醒可能会成为上级决策的依据。上级的不回应可能是他的问题，但你的沉默则是你的失误。

若管理者与被管理者都能遵循上述原则，团队管理成本将显著降低，业务效率自然得以提升。从本质上看，过程是结果的分解，而结果是过程的累积。因此，当我们习惯只关注结果时，不妨将过程分解为若干小阶段，并为每个小阶段设定明确的目标。

大事的过程，其实是由无数个小结果串联而成的。长线的任务，则是通过一系列短期成果的累积而实现的。而面对困难的过程，每一次的小失误都是我们成长和进步的契机。

以接待贵宾为例，这是一件大事，但可以将其分解为接机、开门、着装、仪表等小目标来确保细节完美。对于年度服务这样的长线任务，可以将每一天的工作都视为一个短期成果来追求。当遇到难以解决的问题时，不妨多向上级请教、充分利用上级资源、与同事合作，以便找出自己可能忽略的小细节，并努力探索问题背后的规律。这样，我们不仅能更清晰地看到事物的本质，还能使复杂的问题变得简单明了。

091 五招管好能力强但难管理的员工

管理者在团队管理中,时常会遇到一些独特的挑战。这些挑战往往来自技术精湛、位置关键,但性格较为独特,甚至有时显得难以管理的员工。

我们将他们形象地称为"野猴子"型员工,他们就像《西游记》中的孙悟空,虽然拥有非凡的能力和承担重要的职责,但个性鲜明。这种员工不能被淘汰掉,因为他拥有核心的技术,又身居核心的岗位,还拥有核心的能力。

然而,正如唐僧不能轻易放弃孙悟空一样,作为管理者,也必须学会如何妥善管理"野猴子"型员工。

在《西游记》中,唐僧在取经的初期,确实对徒弟的管理感到困惑和无奈,团队内部时常发生争执和矛盾。然而,随着旅程的深入,唐僧逐渐摸索出一套独特的管理策略,成功地将性格迥异的徒弟凝聚成一个团结的整体。

这套策略,可以概括为"画饼""化缘""戴箍""搭台""关怀"五个关键词,每个词都蕴含着深刻的管理智慧。

第一招:"画饼"。

许多人认为"画饼"是一种空洞的激励方式,但实际上,它更接近于一种愿景激励。愿景激励的核心在于让员工在团队的目标和愿景中找到自己的价值和意义。

那么,如何有效地进行愿景激励呢?关键在于让员工在愿景中找到更好的自己。这不仅是团队或公司的成功,更是员工个人成长的体现。

当员工意识到自己的努力和付出能够为团队带来价值,同时也能够实现自我价值时,他们就会更加积极地投入工作中。

因此,第一招就是"画饼",就是愿景激励。愿景激励的秘诀就是在远大目标中,要帮助员工找到更好的自己,不光讲远大目标,还要让员工知道更好的自己在哪儿。

第二招："化缘"。

"化缘"是指要实实在在地解决员工吃饭的问题。只"画饼"是解决不了实际问题的，所以管理者要利用自己的身份、利用自己的背景、利用自己的特殊资源，帮助员工解决温饱问题。

在《西游记》中，唐僧师徒四人通过化缘获得食物和资助，这实际上是团队资源整合的过程。在团队管理中，管理者也需要善于整合各种资源，为团队的发展提供支持。这包括资金、技术、人才等方面的资源，管理者通过有效的资源整合，可以为团队创造更多的机会和价值。

"居者有其屋、安者有其业""安居乐业，先安居后乐业"，管理者只要将这些问题解决了，员工才能安心地跟着管理者往前冲，所以说"化缘"的问题是个大问题。中国古人都讲兵马未动粮草先行，就是这个道理，英雄打天下，领导搞后勤，这才叫天经地义。

我们要做一个高水平的领导，帮助员工解决生存的问题。

第三招："戴箍"。

为了确保团队的稳定与目标的达成，必须给孙悟空戴上紧箍。那么，为什么不给猪八戒戴呢？原因在于猪八戒的忠诚与团队紧密相连。他只要跟随团队前行，便能成正果。对于猪八戒，只需提供基本的物质保障和美好的愿景，如充足的食物，他便会心甘情愿地跟随团队往前走。

然而，孙悟空则不同。他的天赋异禀，能力超群，若不加以约束，一旦变心，后果不堪设想。他即使离开团队，也能在花果山自得其乐。若他真的离开，取经任务很难完成。因此，必须给他戴上紧箍，以确保他的忠诚与执行力。

这就像风筝需要线牵引，千里马需要缰绳驾驭。孙悟空再可靠，也需要紧箍来约束他。这是对他和团队的双重保障。

在企业管理中，这个道理同样适用。对于核心骨干和挑战型员工，管理者必须设置明确的约束条款，如责任书等。这些约束不仅是对他们的要求，更是对他们和企业的保障。只有这样，才能在确保团队稳定的同时，实现企业的长远发展。

第四招:"搭台"。

千里马向往的是广阔的草原,渴望一个能够施展才华的舞台。既然孙悟空钟爱降妖除魔,那就为他搭建一个专属的舞台,让他尽情展现才能。"孙悟空"不愿陷入琐碎的事务性工作,如填写表格或每日打卡,这些琐事可以交由"猪八戒"来处理。

管理者的目标是让"孙悟空"专注于他热爱的事业,这不仅是平台留人,更是事业留人。当一个人全身心投入自己喜欢的事情时,内心会涌现出强烈的成就感,这种动机足以让他长期留在公司。这就是我们所说的"搭台"。

第五招:"关怀"。

"关怀"这一策略,至关重要,但常被人们忽略。它意味着一对一深入地情感交流和沟通。

想象一下,孙悟空在白天与妖怪激战一天后疲惫不堪,而唐僧晚上则在灯下为他修补破损的"虎皮裙"。在修补的同时,唐僧还细心地询问孙悟空是否口渴、饥饿、寒冷或劳累,甚至注意到他因为打斗而毛发凌乱,并建议他使用修毛器和小梳子来整理。他还询问孙悟空回花果山时想带些什么水果,是否考虑给山上的小猴子们带些玩具。

这种无微不至的关怀和温暖,能够极大地增强"孙悟空"对工作的认同感,也极大地提高了"孙悟空"对事业的积极性。实际上,管理像孙悟空这样性格鲜明、能力出众的团队成员,确实需要多样化的激励方式。

总结起来,这五个关键词——"画饼""化缘""戴箍""搭台""关怀",就是团队管理的精髓。

因此,作为管理者,不要期待团队中的"孙悟空"性格会变得温和。有能力的人往往都有自己的个性,这是正常的。关键在于如何通过合适的管理方法,激发他们的潜能,让他们为团队创造更大的价值。

092 向刘邦学管理智慧

学习管理学的重要途径就是向历史上杰出的管理者学习，其中最具代表性的就是刘邦。

当刘邦与项羽在荥阳争夺天下时，两军对峙，双方都已疲惫不堪。这就像拔河，当双方都筋疲力尽时，任何一方多一个助力就可能扭转局势。

此时，张良向刘邦透露了一个重要信息，指出决定胜败的关键人物是韩信。如果韩信选择加入项羽，刘邦将陷入困境；但如果韩信选择站在刘邦这边，项羽必败。刘邦听后焦急万分，立即命令张良去说服韩信。

韩信当时任齐王，被张良邀请来后，他提出了自己的条件：如果支持刘邦，他希望继续担任齐王。此刻，面对如此关键的时刻，对方却提出条件，一般人可能会感到愤怒和失望。

然而，刘邦的反应却令人震惊。他愤怒地拍桌而起，但张良却迅速踢了他一脚，暗示他不能在此刻动怒。刘邦瞬间明白，他大喝一声"说得好"，答应了韩信提出的条件。韩信欣喜若狂，后来他为刘邦立下赫赫战功，助他成功击败项羽。

从这个故事中，可以看出刘邦的几个显著特点。一是他在愤怒时能够迅速冷静下来，控制住自己的情绪。二是他能够迅速地接受并采纳他人的建议，体现了他无我的品质，即不固执己见，善于倾听和采纳他人的意见。

一位优秀的管理者应当控制自己的情绪，不被情绪左右，同时应当具备开放的心态，善于倾听和采纳他人的建议。刘邦的品质值得管理者学习和借鉴。

093 管理中的慢马定律

作为企业的中层管理者，务必时刻铭记一个心理学中的经典定律——慢马定律。慢马定律描述的是两匹马拉货的情景：一匹马奋力疾行，而另一匹马则悠哉游哉地跟随。当主人发现快马能够承担更多货物时，便逐渐将慢马的货物转移到快马身上。此时，慢马可能暗自窃喜，以为找到了工作的"捷径"，而嘲笑卖力工作的同伴。

然而，随着时间的推移，主人逐渐意识到，既然一匹马已经足够，为何还要养两匹呢？于是，慢马最终面临被卖往屠宰场的命运。慢马定律深刻地揭示了一个道理：偷懒的代价是沉重的。每一次懒惰最终都会以意想不到的方式回馈给偷懒者，导致偷懒者失去更多。所以，不要为了一时的偷懒而放弃了长远的利益，否则最终受害的还是自己。

不久前，笔者和一位在教育行业辛勤耕耘多年的朋友进行了一次谈话。

他提到，在日常的闲谈中，他惊讶地发现新入职的老师的薪资竟然超过了自己。他深感不解，自己在公司里已经工作了近六年，始终兢兢业业，尽职尽责，但似乎并未得到应有的回报。

他感叹自己在教育行业的道路上，从未有过放弃的念头，但如今却觉得工作压抑，毫无成就感和满足感。他认为自己在公司待得太久，即便没有显著的功劳，也应该有些许苦劳，但这份管理岗的工作却让他觉得毫无意义。

笔者能够感受到他的愤怒和失落，于是建议他考虑换个工作环境。然而，他听后却陷入了沉默。

事实上，教育机构从业者的收入往往与他们的付出成正比，但这位朋友的情况却有些特殊。他并非对教育充满热情，每当面临课程研发和优化时，他总是选择将过去的案例稍作翻新，而非引入新技术。他的工作似乎仅限于完成上级安排的教学任务，对其他额外的工作则一概不关心。他常常用精美的幻灯片来应付上级领导，而上级领导本身也存在外行干预内行的问题。

他很少主动去了解学生的实际情况，也不关心市场上人才招聘的新技术需求。尽管在教育行业打拼了近六年，但他的能力并未得到实质性的提升，一直停留在原地。他依赖的仍然是多年前的经验,这样的课程研发结果可想而知。

随着岁月的流逝,他的热情和精力也逐渐不如年轻人,不知不觉中,他成为职场中性价比最低的那一个。

在网上,有这样一句引人深思的话:"在这个时代,人工智能越来越像人,并不可怕。真正可怕的是,有些人越活越像人工智能。"你是否也有察觉,身边有些人,虽每日兢兢业业,但升职加薪的机会总是与他们失之交臂。新入职的年轻人纷纷超越他们,这时他们才惊觉危机的到来。

他们抱着过去的功劳簿,一边诉苦一边寻找出路,但空有工龄,却缺乏跳槽的实力。最终,他们陷入了埋怨、混日子、再埋怨的恶性循环。

大多数人的大部分时间都花在工作上,但一些人只想着如何熬过这八小时,从未想过如何使这八小时变得更有价值。当你在工作中混日子,其实是在浪费自己的时间,因为你已经用行动证明了自己的时间并不值钱,那么你的工资又如何能提高呢?

想要摆脱现状,却又懒得提升自己;看不上手头的工作,却又无法做到无可替代。看似拥有十年的经验,实则只是重复了十年的工作。

这正如心理学上的慢马定律,偷懒的马,前一刻还在嘲笑卖力的马,为自己的小聪明沾沾自喜,下一刻就被主人送进了屠宰场。世界的规则就是这样,一旦你的价值不如别人,就可能会被无情地淘汰。

在快速发展的时代,你在混日子中浪费的时间,会逐渐变成困住你的深渊,让你眼睁睁地看着别人飞速前进,而你却无能为力。

时间是最公平的,你如何对待它,它就会如何对待你。能让你变得更好的时间,一旦浪费了,就永远不会再来。

在变幻莫测的时代,没有人可以闲庭信步。你不仅要做好自己,还要做得比别人更好。今天比昨天多做一点,明天比今天更精通一些,这才是职场人的生存之道。

或许你正在日复一日的工作中逐渐失去热情,或许你正在为职业道路的狭窄而烦恼。但请记住,真正的疲惫不是来自拼搏,而是来自内心的焦虑和迷茫。吃主动的苦，其实并不苦；而吃被动的苦，则会让你苦上加苦。

当你真正开始为自己工作，所有的困难都会为你让步。那些加过的班、做过的项目、学到的技能，最终会变成你的力量，让你在任何时候都能挺直腰板，面对生活。

094 管理高手应学会的骨干员工忠诚密码

员工的忠诚从何而来？为了更加生动地阐述这个问题，借用一个源自三国时期的经典案例——"关羽辞曹"来深入探讨这个话题。

在《三国演义》这部脍炙人口的历史小说中，众多英雄豪杰各领风骚，而关羽在其中独树一帜，被誉为"武圣"。他的忠诚和勇猛，不仅令后世敬仰，更为管理者在提升员工忠诚方面提供了深刻启示。

三国时期，英雄豪杰辈出，其中关羽以其忠义之名流传千古。下邳之战，曹操在白门楼擒获吕布并将其处死，显示了其非凡的军事才能。而在淯水之战中，张绣偷袭曹操，典韦在辕门大战中英勇牺牲，其勇猛精神令人敬佩。然而，在这些英勇的将领中，关羽以其卓越的才能和忠诚赢得了人们的赞誉。

刘备对关羽的喜爱无须多言，而曹操同样对英勇善战的关羽青睐有加。曹操深知人才的重要性，他相信只要给予足够的待遇和尊重，就能让关羽归附。因此，当张辽在土山劝降关羽时，曹操答应了关羽提出的三个条件，并亲自出面迎接关羽。

为了笼络关羽，曹操制订了一系列激励计划。首先，他表奏汉献帝封关羽为汉寿亭侯。

除了封爵，曹操还在许昌城内为关羽修建了亭侯府。此外，曹操还送给关羽许多金银珠宝，以示诚意。物质上的丰厚待遇显示出曹操对关羽的诚意和尊重。

然而，曹操对关羽的优待远不止于此。他还特意将吕布的赤兔马送给关羽作为坐骑。赤兔马是马中的极品，其速度之快、耐力之强，无人能敌。曹操将此马送给关羽，不仅是对他武艺的认可，更是期望能留住关羽。

此外，曹操还特意嘱咐给关羽发俸禄时要与其他人不同。关羽的俸禄是"上马一锭金，下马一锭银"。这样的待遇在当时可以说是前所未有的，曹操对关羽的关爱和重视可见一斑。

然而，尽管曹操对关羽付出了如此多的关爱，但关羽最终还是选择离开曹操回到刘备身边。这并非因为关羽对曹操的待遇不满，而是因为他始终坚守着对刘备的忠诚。

从这个案例中可以看出，员工的忠诚并非凭空而来，而是需要领导者通过真诚的关爱、尊重和信任来培养。只有当员工感受到领导者的真诚和重视时，他们才会产生强烈的归属感，愿意为组织的发展贡献自己的力量。

因此，作为管理者，应该注重培养员工的忠诚度，通过实际行动来赢得员工的信任和尊重。

曹操对关羽的离开深感困惑，不明白刘备与关羽之间究竟有着何种深厚的情谊。为何关羽就是不愿意归顺于他，而非要选择跟随刘备？

事实上，曹操在管理上犯了一个致命的错误，这个错误对于所有管理者而言都极具警示意义。管理者是否曾深入思考过，忠诚与满意真的是一回事吗？答案显然是否定的。

关羽对曹操的满意程度可谓极高，然而他对曹操却没有忠诚。这样的人，对于曹操而言，便是那"满意的叛徒"。

唐朝的魏征，他对李世民有诸多不满，时常直言不讳地指出其过错，甚至有时言辞激烈，但魏征对李世民的忠诚却是不容置疑的。这样的人，称为"叛逆的忠诚"。

因此，管理者务必要明白，忠诚与满意是截然不同的两个概念，绝不能将满意等同于忠诚。曹操正是因为在激励关羽的过程中混淆了这两者的界限，最终导致了人才的流失。这个深刻的教训，值得每一位管理者铭记在心。

那么，从马斯洛的需求层次理论角度来讲，什么是满意？什么是忠诚？

一个特别简单的结论就是"低层需求带来满意，高层需求带来忠诚"。

如果管理者激励一个员工，给他物质奖励，他特别满意，满意得掉眼泪。但你给他100万元时，只要有人给他110万元，他变心的概率极大。所以，低层需求往往只能带来满意，不能带来忠诚。

只有高层需求，才能带来忠诚，那么高层需求的核心是什么呢？

高层需求的核心就是要给他理想、给他事业、给他感情、给他前途，笔者将其称为"四给"。

反观刘备,他很清楚,诸葛亮、关羽这类人,如果讲低层需求就会显得太庸俗。

记住,见了高人不讲低俗的事。

刘备对关羽讲的全是高层需求,桃园三结义,兄弟三人就在桃园深处,祭拜天地,结为生死兄弟。

当时三人说道:"念刘备、关羽、张飞,虽然异姓……上报国家,下安黎庶。不求同年同月同日生,只愿同年同月同日死。"

上报国家是理想、下安黎庶是事业,同生共死是感情和前途。高层需求一应俱全。

讲完之后,三个人紧紧地抱在一起,心挨着心。

因此,提醒管理者,对下属确实应该讲房子、车子等物质激励。但是如果只有物质需求,就可能培养出一群满意的叛徒,他们一边被感动得掉眼泪,一边变心离你而去。

想要留住核心的骨干员工,管理者除了满足低层需求,核心就是必须讲理想、讲事业、讲感情、讲前途,来满足他们的高层需求,这才是带领团队的核心所在。

我们要明白这句话的本质,就是稳定的关系不仅要讲低层需求,更要讲高层需求。

对于员工的管理同样如此,满足低层需求能带来员工的满意,但要想获得员工的忠诚,则需要关注他们的高层需求。对于普通员工,管理者应着重满足他们的基本需求,提升满意度;而对于团队中的骨干成员,管理者更应该关注他们的成长和归属感,培养他们的忠诚度。

因此,提醒各位管理者,务必制订一份员工忠诚管理计划。只有如此,团队才能凝聚力量,勇往直前,共同创造卓越的业绩。

0.95 领导者要懂得竞争博弈智慧

一场备受瞩目的帆船赛事在美国和澳大利亚之间展开。

比赛开始后，美国队表现卓越，一路领先，优势明显。当距离终点仅剩四海里时，美国队已经领先澳大利亚队三海里，冠军似乎触手可及。此刻，各大媒体已准备好发布美国队夺冠的新闻稿件，队员也准备欢庆这一辉煌时刻。然而，就在这时，一个突如其来的变故发生了——海上风向突然发生了变化。

众所周知，帆船的动力主要来自海风。一旦风向发生变化，帆船必须及时调整帆面以适应新的风力条件。但此刻，一个棘手的问题摆在了水手们面前：海上的风分为旋风和阵风两种。如果是阵风，他们需要立即调整帆面；但如果是旋风，考虑到它可能会再次反转，调整帆面可能并非明智之举。

然而，面对突如其来的风向变化，水手难以判断这是阵风还是旋风。在犹豫不决时，他们让经验丰富的老船长进行判断。老船长观察片刻后，果断地指出这是阵风，并指示水手们调整帆面。然而，不幸的是，这种风向实际上是一种带有阵风特性的旋风。当水手按照老船长的指示调整帆面后，帆船却突然停滞不前。他们试图再次调整帆面以使帆船恢复前进，但两次尝试均以失败告终，水手的体力也在调整过程中消耗殆尽。

与此同时，澳大利亚队并未受到风向变化的影响，他们一路稳扎稳打，在离终点仅剩一海里时，突然发力加速，成功超越了美国队并夺得了冠军。美国队在整个赛事中一直保持着领先地位，却在最后一海里时功亏一篑，这无疑给他们带来了巨大的打击和深深的痛苦。

从这场赛事中，我们得到了一个深刻的启示：成功往往与失败仅有一线之隔，而失败也往往与成功近在咫尺。

美国队失败以后，各路媒体开始责怪老船长："你说风是阵风，大家根据你的判断调错了帆面，丢掉了冠军。"

老船长这样为自己辩解："海上的风向是有概率的，天气预判也是有概率的，我凭借概率来做判断，肯定有判断不准的时候。"

不过这个时候一位博弈专家表态:"船队失败就是老船长的错。"

老船长说:"你说是我的错,那么你说,风向变了,如果是你,你怎么办?你怎么能得冠军?你要能有一个合理的答案,我写道歉信向大家道歉。"

没想到博弈专家真的给了一个能夺得冠军的方案:当海上的风向变了以后,不要看天,要回过头看对手。

请记住这个原则,不看环境看对手,看对手调不调帆面,对手要调帆面我们就跟着调,对手要是不调帆面,我们就不调。

都调对了,领先三海里,都调错了,依然领先三海里,原地打转也领先三海里。

常态思维认为是追赶者模仿领先者,但博弈专家的方案包含的基本博弈思路是领先者模仿追赶者。如果你在某一个领域中有足够的领先优势,你没必要跟追赶者不一样,你跟他不一样了,你就有可能失败;你要跟他一样,你又领先很多,那成功就一定属于你。

在管理领域中,我有绝对的领先优势。在自媒体赛道中,你们讲什么我就讲什么,你们讲老子我就讲老子,你们讲孔子我就讲孔子,你们讲管理我就讲管理,你们讲职场我也讲职场。我没必要跟你们不一样,反正咱们讲一样的,每次我比你们讲得好就可以了。

如果我跟你们讲的不一样,那就有可能被你们超越,所以叫领先者模仿追赶者。

那按照这个思路又能得到一个结论:保持一致对领先的人有利,保持差异对追赶的人有利。

在选美比赛中,对于形象和身材条件比较好的女孩子来说,是统一服装好,还是自选服装好呢?

一定是统一服装。如果是自选服装,对追赶的人就有利。若没有那么突出的身材条件,但是自选服装可以遮一遮、挡一挡,扬长避短,所以保持差异对追赶者有利。

领先者就喜欢一致,追赶者就喜欢差异化,只要有差异,追赶者才有赢的机会。

所以对于美国队来讲，应该看一看澳大利亚队，如果澳大利亚队调帆面，那他们就调；如果澳大利亚队不调，那他们也不调。领先者跟追赶者保持一致，然后就能胜利了。

因此，老船长是有问题的。

如果博弈专家成为船长，海上的风向变的时候，他拿望远镜看澳大利亚队，澳大利亚队发现自己被领先者监视，那澳大利亚队应该怎么做呢？

可以扔一个烟幕弹，把自己隐藏起来，只有让领先者不知道澳大利亚队在做什么，澳大利亚队才有机会获胜。

所以请记住：公开对领先者有利，保密对追赶者有利。

以下是领导者必须懂得的博弈智慧。

第一，离成功最近的时候风险最大。

第二，最大的成功是差一点儿失败，最大的失败是差一点儿成功。

第三，不看环境看对手。

第四，领先者模仿追赶者。

第五，领先者喜欢公开，追赶者需要保密。

以上五条是非常重要的博弈智慧，作为企业的领导者，在竞争过程中要不断地思考并加以使用。

096 越是创业型企业管理者越要学会这样借力

有一位经济学教授说过这样一句话:"一个成功的管理者,不是因为自身有多么强大。而是懂得将别人的长处最大限度地变为己用。"这其实说的就是要学会借力。

英国的大英图书馆是世界著名的图书馆,里面的藏书非常丰富。有一次图书馆要从旧馆搬到新馆去,结果一算,搬运费要几百万英镑。图书馆根本就没有这么多的预算,该怎么办呢?

有人就给图书馆馆长出了一个主意,图书馆在报上登一个广告,从即日开始,每个市民可以免费从大英图书馆借十本书。结果,许多市民蜂拥而至,短时间内就把图书馆的书借光了。

书借出去了,怎么还呢?就要还到新馆去。就这样,图书馆借用市民的力量搬了家。

荀子在《劝学》中说:"君子生非异也,善假于物也。"意思是说,即便是一个聪明睿智、博学多才的君子,想要胜过他人,就要善于利用他人的优点,博采众长,才能立于不败之地。

俗话说,能者多劳。凭个人的能力赚钱,当然是真本事。但是,智者当借力而行,借他人之势扬长避短,运用天时、地利、人和,外加运气赚钱,就是一门高超的技艺。这也是善假于物,借力使力的道理。

我们都懂得独木难成林的道理,一个人的能力再大,没有足够的外力,还是难以成功的。所以,要想成就一番大事业,就要学会借助第三者的力量。我们要借所有能借到的力量,周围人的力、朋友的力、对手的力,只要能为我所用,一切外力都可借用。

凡是成大事的人,都是善于借力的高手。

任何人的成功都离不开他人的帮助和支持,所以学会借力,往往能让自己更高效地达成目标。

某公司计划在北京做一次展会，临近展会日期，策划方案却还没有完善。例会上笔者追问了几句，负责此事的人露出尴尬的表情，说遇到了不少难题，进度缓慢。于是笔者就查看了方案，发现存在很多问题。笔者一时着急，就生气了。部门主管赶忙解释，说这位同事刚接手，已经很努力了。笔者问道："那他遇到困难，有向你或其他同事求助吗？"主管摇了摇头，说他天天加班，很辛苦，没有顾得上求助。这让笔者更加恼火，说他这种工作方式并不是真正的努力。最终我们连续加班匆忙补救，方案总算得以确定。

事后，笔者把那位主管和同事留下，给他们讲了一个故事。

一个小男孩在院子里搬一块大石头，石头太重，他搬不起来。小男孩对爸爸说："我已经尽力了，爸爸。"爸爸说："你没有尽全力，因为你还没有找我帮忙。"听到这儿，那位同事似乎想说什么，欲言又止，最后说："但是找别人帮忙……"同事没有把话说完，但是笔者大概理解他的意思。

笔者曾经也像他一样，有一次要组织一场重要的客户会议，安排的任务中有布置会场这一项，笔者对会场布置一窍不通。时间紧迫，就向一位经验丰富的活动组织者求助，他给了笔者很多有用的建议，让笔者顺利完成了会场布置。

会议结束之后，老板对笔者的工作表示肯定。其他同事有些不服气，阴阳怪气地说："要是找人帮忙我们也早就做好了。"老板却说，借力也是一种能力。

同事们对此还不太认同，但笔者记住了这句话。

很多职场人就像那个搬石头的小男孩，努力去解决问题，努力承担责任，却不懂得借力。有的是没想到这个办法，有的是从心底不认可，觉得找别人帮忙是自己无能的表现。但真正的无能，是自己费尽心力，事情还办不好。

另外，还有一个原因，就是不知道如何借力。借力既可以通过沟通，也可以通过行动。笔者有一个负责运营的同事，原来做线下活动，人手总不够用，最后实在不行才找别人，说："我这里有个活动能不能借我两个人。"最后别人为难，他也觉得委屈。

后来笔者让他换一种方法试试，在活动筹备期间对有需要的人说："我这里有个活动，可以帮你们涨2000个粉丝，只需你们出两个人协助我一下就可以。"把你找我帮忙,变成我来帮你的忙。

真正的借力不是单纯的求助,而是互助,是让对方知道能从中受益。向他人借力,就要给出令人无法拒绝的好处。

还有一次,销售团队需要拓展新客户资源。一位同事天天打电话、发邮件,忙得焦头烂额,效果却不怎么好。而另一位同事不仅积极联系客户,还与其他部门合作,共同制订优惠方案。每周五下午,他还组织小组交流会,与同事们分享经验,共同探讨策略。在这个过程中,不仅提升了团队凝聚力,还制订了有效的拓展计划。

不管是通过交流还是行动来解决问题,本质上是思维模式的转变,从局限于自身的点状思维,转变为全面多维度考量解决问题的系统思维。所有行为变化的背后,都是思维方式的转变。

那么,下一次当你在工作中感到焦头烂额,觉得无论自己怎么努力,都无法完成工作任务的时候,请一定想起这句话:"职场中,借力也是一种能力。"有些时候,它比单纯的执行力更加重要。

0.97 请用高层级领导力去做管理

作为一位领导者,权力可以说是领导力中最低的级别,世界领导力大师麦克斯·威尔把领导力分成了五个层级。从低到高划分,分别是权力、认同、威信、利他、领袖文化信仰。

第一个层级叫作权力。

员工追随领导者的一个原因,是因为他手中有权。当领导者发现员工上班的时候大量的时间都在"摸鱼",领导者用权力来打压员工的时候,最终的结果,不一定是领导者最满意的结果。因此,权力是领导力最低的级别。

第二个层级叫作认同。

员工追随领导者的另一个原因,是因为他欣赏领导者的人格,欣赏领导者的为人,他们会发自内心地愿意追随领导者。

第三个层级叫作威信。

领导者在一支团队里面,想要快速地树立自己的威信,最简单、最有效的方法就是"打胜仗"。只要连着取得几次成功,领导者在这支团队里面的威信就树立起来了,而且整支团队的自信心也会随之增强。

所以,当领导者做一个新的项目的时候,带着团队树立一个小的目标,然后完成目标,这支团队就慢慢有了向心力。但是注意一定要把简单的目标放在前面实现,然后慢慢地加大目标的难度,这样整支团队就开始具备战斗力了。

第四个层级叫作利他。

通用电气原首席执行官杰克·瓦尔奇说过的一段话曾经改变了很多管理者对于管理的认知,这句话非常重要,他是这么说的:"在你没有成为管理者之前,你所有的成就只与自己的个人成长有关,但是一旦你成为管理者之后,你所有的成就只与他人的成长有关。"

什么意思呢?就是跟随领导者的员工,他们有没有得到成长,他们有没有因为领导者变成一位更好的、更优秀的员工或管理者，这才是作为领导者要做的事情。

因此，笔者希望读者记住一句话：管理者绝对不是自己当英雄，而是要成为一个打造英雄的人。比如，刘邦当上皇帝以后，他曾经发表过感慨，他说自己有三不如，他打仗不如韩信、谋略不如张良、管理后勤不如萧何。可是三者皆能为刘邦所用。

反观项羽，典型的英雄式人物。他确实是英雄，但是他却输给了刘邦，所以当你成就他人时，成就的不仅是他人，还有自己。这是第四个层级的领导力，利他。

第五个层级叫作领袖文化信仰。

领袖文化信仰是最高级别的领导力。如果领导者只想做到百万级别的业绩，领导者只要把自己培养成一个优秀的销售即可。但是，如果领导者想要让企业做到上亿甚至千亿市值，那领导者就必须是一个思想家、哲学家，甚至是科学家。所以，当一位领导者管理等级越高的时候，他会去研究哲学、历史、人文，为什么？

因为研究哲学、历史、人文，会丰富领导者的思想体系，如华为的任正非就是这样的人物。特别是这几年，在他的发言中能够直观地感受到，既有中国传统文化的精髓，也有西方的管理思想，更重要的是，他可以引领华为不断攀登新的台阶。所以我们经常会说，一支团队的瓶颈就是作为管理者的认知瓶颈。

当领导者不断突破自己的认知瓶颈时，团队就不再有发展的上限，这就是第五个层级的领袖文化信仰。

这五个层级在领导者身上都会有体现。比如，领导者拥有一些权力；也得到过团队的信任；也带领团队取得过成功；帮助过团队成员；在开会的时候表达过自己的思想。只是这五个层级在领导者身上的比例不一样。

学习领导力的目的是什么？就是让更高层级的领导力在管理者身上占的比例越来越高，而尽量减少对权力的依赖。所以人们经常会说，作为一个领导者，最高层级的领导力是什么？就是"我虽一无所有，但是我却可以一呼百应"。

那我们为什么要让自己往高层级的领导力去发展呢？哈佛商学院的克里斯坦森教授，曾经给过一个非常好的回答。他说："其实做管理，做的是最崇高的职业，因为没有任何一个工作，可以像管理一样给他人提供如此多的辅导、认同，然后帮助团队成员成长，从而实现团队目标。"

在管理团队的过程中，员工们将他们的青春投入其中。作为管理者，我们所肩负的责任远不止完成公司指派的任务那么简单。更重要的是，在我们领导的这段时间里，我们要确保员工的付出得到应有的回报，他们在团队中的成长能够成为他们人生中难以忘怀的记忆。这才是管理者真正应该关注和负责的核心所在。而要达成这一点，前提是我们必须成长为一个卓越的领导者。当我们能够成为这样一位卓越的领导者、优秀的管理者时，我们所从事的便是这世界上最崇高的职业之一。

098 管理者要认清奖励与惩罚哪个更有效

在日常的企业管理中,奖励与惩罚犹如两股激流,时常交织、碰撞。这让人不禁要问:在这二者之间,究竟哪一个更为有效?

无论是组织管理,还是教学训练,我们都会遭遇这个难题。它像一块试金石,考验着管理者的智慧与决断。

而深入思考时,答案就如同晨曦中的第一缕阳光,缓缓照亮心灵——是奖励,而非惩罚。

奖励,如同春风拂面,温暖而宜人。它包含了认可、赞同、夸奖,以及令人心动的物质奖励。它似一位慈爱的长者,用温暖的目光和轻柔的话语,引导我们走向正确的道路。

而惩罚,则如严冬的寒风,冷酷而无情。它包含了拒绝、否定、批评,以及令人胆寒的物质惩罚。它像一位严厉的教官,用冰冷的目光和严厉的话语,使我们不再犯错。

然而,尽管二者各有作用,但若真要在这两者中分出高下,那无疑应是奖励。

为何呢?因为惩罚的目的在于避免错误。它像一张巨大的网,试图网住所有的错误。但错误难以一一预料并惩罚。而奖励的目的,则在于引导。它如同一盏明灯,照亮我们前行的道路,让我们在众多的选择中,找到一条或几条正确的道路。

想象一下,一位领导带领团队,若他整日冷若冰霜,动辄发火,那么他的下属只会感到恐惧和迷茫。他们只知道哪些事情不该做,但不知道该如何去做。这样的领导者,只会让团队失去方向感,团队成员如同一群无头苍蝇,四处乱撞。

然而,当领导者使用奖励时,情况便截然不同了。只要他的下属做对了,哪怕只是做对了一部分,他都会毫不吝啬地表达自己的认可和赞扬。这样的领导者,他带领的团队就会有明确的方向感,他们知道领导期望他们做什么,

领导力 管理心法

也知道如何去做。这样的团队，自然会更加默契、更加团结。

同样的道理，也适用于父母对孩子的教育。父母不应该只是禁止孩子做这做那，而应该告诉他们应该如何去做。只要孩子做对了某件事情，或者做对了一部分，父母就应该及时表扬他们，给予他们奖励。这样，孩子就会更加明确正确的方向，也会更加努力地去做正确的事情。

当甲方对乙方的方案进行评审时，也不应只是全盘否定。甲方应该把自己喜欢的、要保留的部分表达出来，这样乙方就能更快地抓住甲方的需求，提供甲方想要的方案。这样的评审方式，不仅能让乙方更快地提供满意的方案，也能节省甲方的时间成本。这样的评审方式，无疑会让项目的进度更快，效果也更好。

在亲密关系的磨合中，表扬的效率也往往比指责更高。当我们在与亲密的人相处时，难免会有摩擦和矛盾。但如果我们能够多一些表扬和认可，少一些指责和批评，那么矛盾就会更容易化解。因为表扬和认可能够让我们看到对方的优点和长处，而指责和批评则只会让我们看到对方的缺点和不足。

所以，作为管理者，请不要吝啬对他人的赞扬、认可、肯定。我们每个人都需要奖励，因为它不仅能够让我们坚持正确的道路，也能够让我们在前进的道路上更加自信和坚定。当我们看到别人因为我们的奖励而变得更加努力和出色时，我们的内心也会感到无比的满足和喜悦。

让我们用奖励来替代惩罚，用表扬来替代批评，用温暖来替代冷漠。让这个世界因为我们的奖励而变得更加美好和温暖。因为只有这样，我们才能真正实现管理的目标——让每个人都能够发挥出自己的最大潜力，共同创造一个更加美好的未来。

099 管理者的大忌就是不思考就直接解决问题

在一个企业中，每一位管理者都如同舵手，肩负着引领企业破浪前行的重任。然而，在广袤无垠的海洋中，最令管理者避之唯恐不及的礁石，就是那看似简单却实则深邃的"问题陷阱"。许多管理者在面临问题时，往往习惯于直接动手解决，却忽略了问题背后的深层原因，这种"看到问题就去解决问题"的模式，实际上是企业管理的大忌。

为何如此说呢？以日本丰田公司的一个实例来深入剖析。在丰田的某个工厂，一位细心的管理者偶然发现地上有一滴油。对于这滴油，我们或许第一时间会想到，拿起抹布将其擦拭干净，毕竟清洁的工厂环境对于生产安全至关重要。然而，这位丰田的管理者却并没有这样做。他开始深入思考：这滴油究竟从何而来？

抬头一看，他发现油滴来自上方的某个螺丝。于是，他并未简单地拧紧螺丝，而是进一步探寻：为何这个螺丝会漏油？拧下螺丝后，他发现原来是垫圈老化所致。然而，他并未停下来，而是继续追问：为何只有这个垫圈老化，而旁边的垫圈却安然无恙？

经过对比和分析，他发现这个垫圈与其他垫圈并非出自同一家供应商。这个发现对于他来说，无疑是一个重要的线索。他迅速将这一信息反馈给采购和质检部门，提醒他们在未来的采购和质检过程中，对这家供应商的垫圈进行严格把关。

通过这位管理者的深入追查和细致分析，我们不难想象，这个螺丝再次漏油的概率将会大大降低。而这一切，都源于他对问题的深入思考。

然而，在现实中，不难发现许多管理者在面对问题时，往往只是停留在表面。他们忙于处理各种琐碎的事务，却忽略了问题的本质。这种"头痛医头、脚痛医脚"的管理方式，不仅无法从根本上解决问题，反而会让问题更严重。

那么，作为管理者，应该如何避免低效的管理方式呢？答案就是养成一个良好的工作习惯——问五个为什么（5W法则）。当我们遇到问题时，不要急于动手解决，而是要先问自己为什么。通过不断地追问和思考，我们可以深入问题的本质，找到问题的根源所在。

以员工上班打游戏为例，管理者不仅要问员工为什么会在上班时间打游戏，还要进一步追问是不是因为工作安排不饱和？是不是因为员工对目标不清晰？或者是不是因为员工对领导有意见而采取的一种反抗方式？通过这样的追问和分析，管理者可以更准确地把握问题的实质，从而有针对性地采取措施解决问题。

当然，问五个为什么并不是说要无休止地追问下去，而是要在追问的过程中逐渐找到问题的根源。当找到问题的根源后，就可以开始寻求解决方案了。在寻求解决方案的过程中，需要根据问题的性质和具体情况制订相应的策略，确保解决方案的有效性和可行性。

正如电影《教父》中的经典台词："那些一辈子看不到事物本质的人和那些瞬间就能够看到事物本质的人，他们注定要过不一样的人生。"同样地，在企业管理的道路上，能够迅速洞察问题本质的管理者，与只会盲目处理问题的管理者相比，注定会成为更加卓越的管理者。

因此，作为管理者，在企业管理实践中，应该摒弃那种"看到问题就去解决问题"的低效模式，而是要学会运用问五个为什么的工作方法。通过不断地追问和思考，管理者可以更深入地了解问题的本质和根源所在，从而可以更有效地解决问题。

100 好的管理者
应具备这种低姿态

在三顾茅庐中，刘备所展现出的谦逊与低调，无疑是值得我们深入探讨和学习的。这不仅是对待贤才的一种态度，更展现出高瞻远瞩的智慧。那么，刘备为何要如此行事呢？这背后所蕴含的道理，用一句话概括，便是"俗人服利益，高人服修养"。

当我们身处世间，面对形形色色的人群时，不难发现，有些人对物质的追求和渴望是如此的强烈。他们看重的是眼前的利益，是物质的享受，是世俗的荣华富贵。对于这样的人，管理者若是想赢得他们的认同和配合，那么最直接、最有效的方法就是给予他们合理的物质奖励，满足他们的物质需求。

然而，当我们面对的是有追求的人时，情况就大不相同了。他们追求的是精神上的满足，是心灵上的慰藉，是人生的价值和意义。他们看重的不是管理者的财富和地位，而是管理者的修养和境界。对于这样的人，管理者若是一味地谈论利益、谈论金钱，那么只会让他们觉得管理者是在亵渎他们的精神追求。他们会因此而疏远管理者，甚至与管理者为敌。

诸葛亮便是这样的人。他胸怀天下，志在千里。他所追求的是辅佐明主，成就一番伟业。因此，当刘备向他展示出自己的修养和境界时，诸葛亮便为之所动，决定出山相助。试想，如果刘备当时只是向诸葛亮谈论利益、谈论金钱，那么诸葛亮还会如此决然地出山吗？答案显然是否定的。

那么，刘备是如何向诸葛亮展示自己的修养和境界的呢？首先，他表现出了对诸葛亮的尊重和敬仰。他三次亲自前往茅庐拜访，每次都谦恭有礼。这种态度让诸葛亮感受到了刘备的诚意和决心。其次，刘备向诸葛亮阐述了自己的志向和理想。他表达了自己想要拯救天下苍生的决心和信念，这让诸葛亮看到了刘备的胸怀和格局。最后，刘备还向诸葛亮展示了自己的能力和才干。他向诸葛亮分析了天下大势，提出了自己的战略和策略，让诸葛亮看到了他的智慧和谋略。

从三顾茅庐中我们可以总结出这样一个道理：高人服修养。面对不同的人，我们应该采取不同的策略和方法。对于有追求的人，我们需要用修养和境界来打动他们。同时，我们还应该保持一种低姿态，这样才能更好地与他人相处，赢得他们的尊重和信任。

作为管理者或领导者，更应该按照这样的思路去构建自己的经营管理策略和人际关系网络，应该注重培养自己的修养和境界，让自己成为一个有智慧、有胸怀、有格局的人。同时，管理者或领导者还应该善于发现和培养人才，为他们提供一个能充分发挥的平台和空间。只有这样，才能赢得人心，取得成功。

最后，让我们回到关于水杯和水壶的比喻上。一个水杯要想从水壶里得到水，它的位置一定要比水壶低。同样地，我们在与人相处时也应该保持一种低姿态，只有这样才能更好地学习和成长。只有当我们把自己放在一个较低的位置上时，我们才能更好地学习他人的优点和长处，从而不断地完善自己、提升自己。

因此，让我们时刻保持一颗低姿态的心，只有这样我们的人生才能像水杯一样，不断地充满智慧之水、成功之水！

101 害怕核心员工离职
不如想象核心员工离职

笔者认识很多管理者,几乎个个意志坚定。但是,唯独在一个时刻他们难掩脆弱,那就是在核心员工要离职的时候。

笔者遇到一位企业高管,他一路从销售冠军做到了业务总监,管理着几十位员工,他跟我分享过这样一件事情。他说有一天他自己在外面忙着跑业务,基本上是跑了一天客户,水都没喝一口,然后晚上回家以后,突然收到了一个核心员工的消息,说要离职。

他说他最怕的不是冲锋陷阵,做管理的谁都是身经百战,再难的工作也可以咬着牙硬扛过来。但是他最怕的是当他一回头,发现人没了。管理者为什么会在这个时刻,感到脆弱,或许是因为感觉到了被背叛,精心培养的员工,在最需要他的时候,选择了离开,毫不留恋。

你觉得你这样看重他,未来的规划里也预设了他的存在,可是最后感觉好像只是自己的一厢情愿。

除此之外,或许是恐慌,就是员工在缺位之后,自己要面对业务上的恐慌。因为核心员工往往承担着公司重要的职责。他走了,团队人心会不会垮掉?重要的项目会不会停滞?客户会不会被带走?

我们会愤怒,我们会害怕,这很正常,因为我们都是人,但是我们又是管理者,那么管理者就要有管理者的修炼。

离职是职场中最常发生的事,作为管理者要有一些基本应对能力。

第一个能力,叫作预测离职的能力。

首先,每一位管理者要做的事,是要去想象员工离职,尽早在心里植入一个信念。这个信念就是再合拍的员工,总有一天也会和公司分道扬镳,各自去做自己认为更重要的事。

所以,作为管理者,要时常问问自己,如果这个人走了,谁能接替他的位置?那么,这个观念落实到管理中,就是人才梯队的建设。

他的业务具体是怎么做出来的？把这个落实到管理中，就叫作业务方法论，也就是所有业务都要有方法论，要能传递。还有公司对客户的管理是否做到了透明化？落实到管理中，就是公司制度的完善，以及规则的建立。

其实大部分人做事，是有依赖性的。一个人做好了一件事之后，公司就倾向于，后续继续把更重要的事放到他身上。因为他能干，因为这样成功的概率更高，慢慢地，公司就会出现资源集中化的问题，这就是管理上的偷懒。

笔者认识很多优秀的管理者，他们都会定期对公司的人才进行盘点，了解每位员工的优势、特性、工作意愿度。他们的时间，至少有50%是投入到管理方面。

所以他们日常就会有意识地通过分派不同的任务，去挖掘培养员工的工作能力。若遇到核心员工离职的情况，他也知道团队里谁能替代离职的核心员工，这就是管理的第一个能力。

第二个能力，叫作管理离职过程的能力。

若核心员工提出离职，管理者要做的最重要的工作，是管理好离职过程。管理者甚至可以把离职交接当作一个项目去推进，明确核心员工交接之前、交接之中，以及交接之后的各种关键工作。有些公司还会为了核心员工离开，召开离职交接会，就是确保交接的效果，避免交接模糊、应付了事的情况。

优秀的管理者都会提前做好一份适合自己部门的专门用作交接的文档。很多时候核心员工提出离职，或许就是因为他被束缚住了。他认为自己在公司，只能做这个业务吗？自己每一天就只能像仓鼠一样在不停地蹬轮子。他也想去探索其他新的业务领域，也想突破自我，但是手上的工作已占据全部精力，无暇他顾。

所以当管理者做好人才梯队建设后，核心员工就会知道，自己的工作是有人可以分摊的。整个公司的人和业务，就会像水一般流动起来，有一些需求也不一定要通过离职来实现。

所以面对核心员工的离职，管理者与其害怕等到事情发生的时候再崩溃，不如大胆去想象过程。

当离职可以被预测，可以被探讨，可以被规划时，管理者就获得了面对员工离职的主动权，一些不必要的离职，反而会因此而避免。

克里斯多福·孟的著作《亲密关系》中有这样一句话，"敢于分开的关系才是健康的关系"。这句话，在职场管理中也一样适用。

102 会用能人还有逆商思维才是管理高手

在企业管理的广阔天地中，衡量一位领导者的能力，并非仅看其自身的能力，而更在于其如何择人用人、构建团队。

历史是一面镜子，能映照出兴衰的轨迹，能让人明得失，更能让我们以史为鉴，荡涤歪风邪气，弘扬浩然正气。下面以三国时期两位杰出人物为例，进行深入剖析。

提到刘备，这位仁德的君主，其独具慧眼，能够识人用人，堪称一绝。他能够汇聚诸葛亮、庞统这样的智谋之士，以及关羽、张飞、赵云、马超、黄忠这样的武将，这本身便是一种非凡的领导力。

诸葛亮，旷世奇才，刘备三顾茅庐之后，他加入了刘备的麾下，开始了他的辅佐之路。从北伐曹魏，到最终五十四岁病逝于岗位上，诸葛亮可谓是鞠躬尽瘁，死而后已。但他的忠诚与奉献并未因此而终止，他的儿子诸葛瞻，同样继承了父亲的遗志。在邓艾伐蜀的绵竹之战中，诸葛瞻更是身先士卒，英勇捐躯。

当时，诸葛瞻还带着自己的儿子，也就是诸葛亮的孙子诸葛尚，这位少年虽然只有十几岁，但在绵竹大战中同样展现出了忠肝义胆。全军崩溃之际，他依然坚守阵地，直至最后英勇牺牲。这让我们不禁感叹，诸葛亮的家族真的是将忠诚与奉献刻在了骨子里，他们的青春、他们的一生都献给了国家。

这一切都源于刘备卓越的用人智慧。他以三顾茅庐的至诚请诸葛亮出山，为诸葛亮搭建了抱负的舞台；更以"如鱼得水"的绝对信任，让这位奇才得以大展抱负。刘备最杰出的领导力，正在于他善识人之长、敢用人之锐、能容人之专，最终将诸葛亮这样的不世之才，锻造成了"鞠躬尽瘁"的千古典范。

其实，刘备的领导力并非显而易见，它隐藏在那些看似平常的举动之中。正是这些看似平常的举动，构成了他独特的领导力。

因此，当管理者面对企业管理中的种种挑战时，不妨从刘备身上汲取智慧，学会如何识人、用人，如何构建高效的团队。只有这样，才能在竞争激烈的市场中立于不败之地，成为真正的企业领导者。

提到曹操，这位历史上赫赫有名的政治家、军事家，其卓越之处不仅在于其战略眼光和军事才能，更在于他拥有一种独特的逆商思维。逆商，即在逆境中展现出的冷静应对和坚韧不拔的能力，它是衡量一个人能否在困难面前屹立不倒的重要标准。

在曹操的一生中，逆商思维成为他鲜明的标签。一个人如果仅有情商，虽然能够处理好周围的人际关系，但要想成为一位真正优秀的管理者，或者成就一番伟业，还需具备逆商思维。

以官渡之战为例，当曹操成功击败袁绍后，在袁绍的家中发现了大量文臣武将与袁绍通敌的书信。面对这一突如其来的情况，曹丕建议曹操将背叛者一一揪出，严惩不贷。然而，曹操却表现出了超乎寻常的冷静和睿智。

他反问曹丕："然后呢？如果我们真的这么做，会带来什么后果？"曹操深知，如果将这些人全部杀掉，不仅会折损自己的人马，更会让剩下的将士人心惶惶，失去战斗力。这样的做法无疑是自断臂膀。

于是，曹操展现出了他的逆商思维。他召集所有将士，坦诚地表达了自己对他们的理解："你们想投降袁绍，这是人之常情。毕竟，在当时袁绍势力强大，我都有过动摇，何况你们呢？"

随后，曹操当着所有人的面，一把火将通敌的书信全部烧毁。这一举动不仅消除了将士们的疑虑和恐慌，更让他们感受到了曹操的胸怀和度量。

这就是曹操的逆商思维。他能够在逆境中保持冷静和理智，能够站在对方的角度思考问题，从而化解危机。这种思维方式不仅体现了他的智慧，更展现了他作为领导者的独特魅力。

总之，一个真正的管理高手，不仅要有识人、用人的智慧，还要有在逆境中寻找机遇的能力，这样的领导者能够激发团队的活力，引导团队走向成功。